CADERNOS DA VIAGEM À CHINA

Roland Barthes

CADERNOS DA VIAGEM À CHINA

Edição estabelecida, apresentada e anotada
por Anne HERSCHBERG PIERROT

Tradução | Ivone Castilho Benedetti
Revisão da tradução | Leyla Perrone-Moisés

SÃO PAULO 2012

Esta obra foi publicada originalmente em francês com o título
CARNETS DU VOYAGE EN CHINE
por Christian Bourgois Editeur, Paris
Copyright © Christian Bourgois Editeur / IMEC, 2009.
Copyright © 2012, Editora WMF Martins Fontes Ltda.,
São Paulo, para a presente edição.

1ª edição 2012

Tradução
IVONE CASTILHO BENEDETTI

Revisão da tradução
Leyla Perrone-Moisés
Acompanhamento editorial
Luzia Aparecida dos Santos
Revisões gráficas
Fernanda Neves
Solange Martins
Edição de arte
Katia Harumi Terasaka
Produção gráfica
Geraldo Alves
Paginação
Studio 3 Desenvolvimento Editorial

Dados Internacionais de Catalogação na Publicação (CIP)
(Câmara Brasileira do Livro, SP, Brasil)

Barthes, Roland, 1915-1980.
 Cadernos da viagem à China / Roland Barthes ; tradução Ivone Castilho Benedetti ; revisão da tradução de Leyla Perrone-Moisés. – São Paulo : Editora WMF Martins Fontes, 2012. – (Coleção Roland Barthes)

Título original: Carnets du voyage en Chine
ISBN 978-85-7827-555-6

1. China – Condições sociais – 1949-1976 2. China – Descrição e viagens I. Título. II. Série.

12-03133	CDD-915.1

Índices para catálogo sistemático:
1. China : Descrição e viagens   915.1

Todos os direitos desta edição reservados à
Editora WMF Martins Fontes Ltda.
Rua Prof. Laerte Ramos de Carvalho, 133 01325.030 São Paulo SP Brasil
Tel. (11) 3293.8150 Fax (11) 3101.1042
e-mail: info@wmfmartinsfontes.com.br http://www.wmfmartinsfontes.com.br

| Sumário |

Apresentação.. VII
Mapa da China... XII

Roland Barthes: Cadernos da viagem à China
    Caderno 1 1
    Caderno 2 87
    Caderno 3 167
    Caderno 4 239
    CHINA *Cadernos* 241

Índice temático 243
Índice onomástico 247
Fac-símile do Caderno 1
(Arquivos Roland Barthes, IMEC) 84

| Apresentação |

Roland Barthes esteve na China de 11 de abril a 4 de maio de 1974, em companhia de François Wahl (filósofo, então editor de ciências humanas da Seuil, especialmente editor de Roland Barthes), e de uma delegação do grupo *Tel Quel*, composta por Philippe Sollers, Julia Kristeva e Marcelin Pleynet. O convite oficial a Philippe Sollers e ao grupo *Tel Quel*, então na "onda" maoísta, chegou da embaixada da China, por iniciativa de Maria-Antonietta Macciocchi, autora de *Dalla Cina* (1971); seria uma viagem organizada e supervisionada de três semanas, a expensas dos participantes. Ao mesmo tempo que eram acolhidos por escritores e acadêmicos, os viajantes seguiam um itinerário preestabelecido, visitando fábricas e pontos turísticos, assistindo a espetáculos e indo a restaurantes que constituíam os lugares comumente frequentados pelos ocidentais que visitassem a China nos anos 1970. A agência chinesa Luxingshe forneceu os guias, os interlocutores políticos, a organização material da viagem e cuidou de proteger os visitantes de qualquer contato com os chineses fora do circuito definido de antemão. Roland Barthes, aliás, lamenta essa falta de imprevistos, de "dobras" ou de "incidentes" (o que "cai" sobre o "tecido dos dias").

Os franceses chegaram à China em plena campanha contra Confúcio e Lin Piao (a chamada campanha Pilin Pikong), que a cada etapa da viagem enseja "exposições" ideológicas sobre a situação política, alimentadas por uma fraseologia ritualizada ("blocos", como diz Roland Barthes). Os cadernos de Roland Barthes apresentam uma visão distanciada desse percurso, atenta a detalhes, cores, paisagens, corpos, acontecimentos miúdos do cotidiano, por ele comentados com humor. As anotações de coisas vistas, sentidas e ouvidas se alternam com observações inseridas entre colchetes: reflexões, meditações, críticas ou expressões de simpatia, que são como que apartes sobre o mundo ao redor. Também são recorrentes certas palavras que expressam cansaço diante do estereótipo ("etc."), ou o ligeiro retraimento ("Lá fora...").

Já ao partir, Roland Barthes pensa em trazer um texto da China. Redige três cadernos de notas sobre o assunto, com caneta esferográfica ou hidrográfica. Os dois primeiros cadernos, espiral Crown com capa dura azul (Caderno 1) e vermelha (Caderno 2), levados da França, são complementados no fim da viagem por um caderno chinês, menor, com capa de couro sintético preto, que ostenta uma citação do presidente Mao impressa em vermelho na primeira página (a última, na ordem em que é usado). Esses três cadernos estão inteiramente paginados com caneta hidrográfica vermelha. Roland Barthes os releu, criou um sumário para cada um deles e montou um índice remissivo num quarto caderno.

Ao voltar, Roland Barthes usou esses cadernos para redigir a exposição sobre a China proposta em maio de 1974 aos seus alunos no seminário da École Pratique des Hautes Études[1]. Mas também preparou um artigo intitulado "Alors, la Chine?" (publicado no *Le Monde* de 24 de maio), que lhe angariou críticas[2]. Seguem-se quatro artigos de François Wahl ("La Chine sans utopie", *Le Monde*, 15-19 de junho) e um número inteiro da *Tel Quel* no outono de 1974 ("En Chine", nº 59) em que Philippe Sollers, Julia Kristeva e Marcelin Pleynet (artigo continuado no número 60) expressam seus respectivos pontos de vista sobre a China. Na primavera de 1974, Julia Kristeva reproduz suas impressões da viagem à China no livro *Des Chinoises* (Éditions des Femmes, 1974, depois Pauvert, 2001), no qual são publicadas fotografias da viagem. Marcelin Pleynet publica em seguida fragmentos de seu diário: *Le Voyage en Chine; Chroniques du voyage ordinaire 11 avril-3 mai 1974 – extraits* (Hachette, P.OL., 1980).

Pouco mais de trinta anos depois, os cadernos de Roland Barthes, que até então tinham permanecido inéditos[3], contêm

---

[1]. A transcrição desse seminário foi publicada pela Seuil em 2009.
[2]. O texto foi publicado um ano depois em folheto pelas Éditions Christian Bourgois, com um posfácio inédito, reproduzido em *Oeuvres complètes* (OC IV, pp. 516-20).
[3]. Algumas páginas do Caderno 1 foram publicadas em fac-símile no catálogo da exposição apresentada no Centre Pompidou (27 de novembro de 2002-10 de março de 2003), com organização de Marianne Alphant e Nathalie Léger, Seuil/Centre Pompidou/IMEC, 2002, pp. 225-49.

um olhar frequentemente muito lúcido sobre os acontecimentos e as conversas daquela viagem. Mostram uma atenção fenomenológica à China de 1974, visão mais interessada nas pessoas e nas coisas do que em museus e sítios arqueológicos. "Relendo meus cadernos para compor um índice, percebo que publicá-los assim seria exatamente um Antonioni. Mas que outra coisa fazer?" (Caderno 3)

ANNE HERSCHBERG

Nota da edição francesa

O leitor encontrará uma lista de abreviaturas e siglas usadas. As notas de Roland Barthes são indicadas com um asterisco; as notas do editor estão numeradas. São complementadas pelo índice onomástico.

A maioria das abreviaturas foi criada com o intuito de melhorar a legibilidade. Também por isso, o grego é transliterado. Respeitamos na medida do possível a transcrição fonética dos nomes chineses dada por Roland Barthes. A transcrição dos nomes identificados segundo o sistema pinyin é dada em nota ou no índice remissivo. Por seus esclarecimentos acerca das palavras e dos nomes chineses, agradecemos Anne Cheng, Srta. Van Liu e Laurent Sagart. Recebam também nossos agradecimentos pela ajuda na preparação deste livro: Nathalie Léger, Claude Martin, Alain Pierrot, Marcelin Pleynet, François Wahl e, pela releitura atenta e pelos conselhos, Éric Marty.

Abreviaturas e siglas utilizadas

F. W.   François Wahl
Ph. S. Philippe Sollers
Pl.   Marcelin Pleynet
GRCP: Grande Revolução Cultural Proletária
OPS: Operários Camponeses Soldados
PCC: Partido Comunista Chinês
PCI: Partido Comunista Italiano

Agência Luxingshe (ou Agência): agência chinesa de turismo, tradução e interlocução política

Obras de Roland Barthes:

OC I-V: *Oeuvres complètes*. Nova edição revista, corrigida e apresentada por Éric Marty, Paris, Seuil, 2002 (volumes I-V).

CADERNO 1

| **Caderno 1** |

Quinta-feira
11 de abril   noite   Partida Orly   5

Sexta-feira 12   noite   Chegada Pequim   8

Sábado 13   manhã   Cidade Proibida   10
                 tarde   Comuna Popular
                             cercanias de Pequim   11
                 noite   Marionetes   17

Domingo 14   manhã   Pequim. Imprensa   18
                 tarde   Avião Pequim-Xangai   24
                 noite   Compras Lojas   26

Segunda-feira 15	manhã	Estaleiro de Xangai	27
	tarde	Bairro residencial	33
	noite	Circo	38
Terça-feira 16	manhã	Hospital Xangai	39
	tarde	Panorâmica	43
		Casa do Partido	43
	noite	Magazine Amizade	50
Quarta-feira 17	manhã	Exposição Industrial	51
	tarde	Passeio de barco	56
	noite	Sessão com os Intérpretes	57
Quinta-feira 18	manhã	Sessão com os Professores Xangai	63
	tarde	De trem para Nanquim	71
Sexta-feira 19	manhã	Nanquim Ponte	74
		Zoo	76
	tarde	Escola Normal Superior	78

11 de abril de 1974

11 de abril. Partida, lavado da cabeça aos pés. Esqueci de limpar as orelhas.
Avião: quer dizer: longas esperas, imobilidade, não viajar.

Impressões de viagem no *Le Quotidien de Paris*. Esperam um "Retorno da China" e "Retoques a meu Retorno da China"[1]. E se eles tivessem: Retoques a meu Retorno à França?

Orly. Atraso. Ph. S. compra salame e pão isentos de impostos e lanchamos no saguão de espera. Jantar de avião. Empiricamen-

---

1. O *Quotidien de Paris* acabava de ser fundado por Philippe Tesson, em abril de 1974. Desapareceu em 1996. Roland Barthes faz alusão a *Retour de l'URSS* (1936) e a *Retouches à mon retour de l'URSS* (1937), em que Gide critica o stalinismo. *(As notas chamadas com números são da editora)*.

te, se estamos muito apertados, amarrados por mil dispositivos, é de esperar que nos sirvam coisas simples; mas, naturalmente, a empiria é combatida pelo vício francês (título de uma peça de Labiche): areia nos olhos[2]: salada de mexilhões, vitela no molho, arroz acinzentado e engordurado – dois grãos não podiam deixar de cair nas minhas calças novas.

Enquanto lhe beijava furtivamente a mão em lugar público, ele me dizia: está com medo que nos vejam? – Respondi: não, não tenho medo que nos vejam; tenho medo que vejam o *démodé* do gesto e isso te incomode.

Partida de Orly: aglomerados à parte, uma dúzia de chineses de paletó preto e gola alta, enquanto o guia veste traje de passeio. Parece um convento em viagem.

12 de abril

Vistos mais de perto (no ônibus de pista), os seminaristas usam paletós de azuis bem diferentes: uniformidade de regimento ao longe, diferenças individuais de perto – as golas militares são bem pequenas.
Um avião inteiro de europeus (italianos, alemães, franceses) para Pequim. Que decepção! A gente sempre acha que é o único que pode ir lá.

---

2. *La Poudre aux yeux* é uma comédia em dois atos de Eugène Labiche (1861).

Voltar às impressões de viagem no *Le Quotidien de Paris*, mostrar a ética podre por trás disso.

Que chatice! Ter as desvantagens da notoriedade (impressões sobre uma viagem particular) e nenhuma das vantagens (financeiras).
Se eu tivesse de ser executado, pediria que não apostassem na minha coragem. Gostaria de poder me embriagar um pouco antes (champanhe e comida).

Eles se enfiaram no fundo do avião, de olhos fechados, como – direi com afeição? – porquinhos, bichinhos redondos; confinados também, em certo sentido.

Gostaria de dizer, a J. L., a R., cinicamente (mas eles entenderiam): torne-se *alguém*, na escrita.

Abstratamente, a China tem mil sentidos possíveis: histórico, ético etc.; nossos grandes palradores podem falar dela cada um a seu modo (L. S.[3], Granet etc.). Mas, para os franceses, a China só tem um sentido, registrado de modo bem concreto em seus papéis. Mas essa mesma pluralidade está *do nosso lado*. Salto do intelectual: do plural à unidade.
Quatrocentos vistos acabam de ser recusados*[4]. A comissária de bordo espantada com nossa viagem, diz: "Vocês estão *antenados*?".

---
3. Essas iniciais podem aludir a Claude Lévi-Strauss, que dedica um capítulo às análises de Marcel Granet em *Estruturas elementares do parentesco* (1949).
* Por causa do filme de Jean Yanne. (As notas abertas com asterisco são de Roland Barthes.)
4. O filme de Jean Yanne, *Les Chinois à Paris* [*Os chineses em Paris*] (1974), apresenta uma imagem caricatural da China.

Chegada a Pequim

"E então, China?..."
Soldados jovens: impressão de nada por baixo da túnica. Sorrisos.
Saguão do aeroporto: sóbrio, austero. Couros. Suíça cinquenta anos atrás.
Um grande retângulo vermelho*. Support Surfaces[5].
Caminho do aeroporto, estrada reta ladeada por salgueiros. Cruzamos com um cão, um jovem europeu correndo de short.
O intérprete: está "friozinho".
Objeto fetiche: a grande garrafa térmica com água quente para o chá, florida com decalcomania, que algumas moças e rapazes têm nas mãos.

Sábado 14 de abril[6]
(Pequim)

Tempo encoberto. Dormi mal, travesseiro alto demais e duro. Enxaqueca.
Ontem à noite: reunião com os guias. Pequeno saguão do hotel. Grandes sofás, nos braços, crochê.
A "polidez" e as câmaras.

---

* Com dois arbustos verdes na frente.
5. "Supports-Surfaces" designa um grupo de artistas franceses contemporâneos (Vincent Bioulès, Daniel Dezeuze, Claude Viallat...), reunido no fim da década de 1960 em torno da reflexão sobre os componentes elementares da pintura.
6. Lapso de Roland Barthes para sábado 13 de abril.

| *Cadernos da viagem à China* |

Austeridade: roupa sem passar.

Olhadinha pela janela às seis horas da manhã. *Badminton*. Um joga muito bem, há uma troca – apenas alguns movimentos, como quem fuma um cigarro.
Os corpos? atarracados e elásticos. Certo jeito de saco.
Não há diferença sexual.
De repente, alguém, vaga eletricidade erótica: é que ele tem olhos inteligentes. Inteligência vale por sexo.
Mas onde é que eles põem sua sexualidade?

Sinto que não poderei esclarecê-los em nada – mas apenas nos esclarecer a partir deles. Portanto, o que se há de escrever não é *E então, China?*, mas *E então, França?*

Cortejos de escolares com bandeiras vermelhas. Brecht.
Procurar a *Cor*. Azuis acinzentados. Manchas vermelhas. Ferro. Cáqui. Verde.

Praça Tian An Men: Grupos. A passo ordinário. Apitos.
Coro. Estereofônico.
Marselhesa.
Professoras, professores.
Mochila, cantil. Crianças. Criptomilitar.
Doze-catorze anos. Seguram-se pelas mãos. Garotas: bolsa, paletó curto + calças curtas (Pinças de calça para ciclistas)*.

....
* e pelo fato de afastarem um pouco os braços e os dedos.

Apesar do sol, brisa. Tudo isso tem um encanto...
Caprichos da arregimentação. Há pessoas isoladas.
Os velhos são mais maravilhosos ainda que as crianças.
Nem uma só pele bonita.
Cetineta, veludo.
Mãos finas. Estrabismo. Rostos com pele marcada.
A categoria "Professora primária chinesa".
Bundas grandes. Palhaço.

Bege envernizado das telhas da Cidade.
O que restará de Pequim? Uma brisa, uma luz velada, uma tepidez, céu azul leve, alguns flocos de neve.

Cortes de cabelos codificados.
Que impressão! ausência total de moda. Grau zero de indumentária. Nenhum rebuscamento, nem escolha.
Preclusão da sensualidade.
Outro objeto emblema-fetiche: o megafone (elétrico) carregado por uma professora.

Jardim. Ameixeiras japonesas, magnólias em flor.
Pedras. Meninas brincando de dançar em torno de uma corda dupla – variando os passos – em vez de pular mecanicamente.
Pequenos piqueniques de crianças em grupo. Pão, anoraque branco, maçã.
Deserto da Sensualidade.

Efeito de mutação produzido pela uniformidade total das roupas. Isso produz: silêncio, leveza, não vulgaridade – à custa da abolição do erotismo.
Como um efeito Zen.

Dois jovens com as mãos nos ombros um do outro. Mais tarde, porém – depois dos quatorze anos – nenhum. Portanto, recalque. Portanto, sexualidade?
Os raríssimos bonitos são curiosos, olham – início de relação?

11h35. Primeiro sinal de sexualidade. Um descaradinho de cáqui e o companheiro olham para Julia com um sorrisinho gaiato.

Cheiros. Repolho na Praça. Museu dos Tesouros.
Cachorro molhado, excremento de cavalo, leite azedo.

14h *Tarde*. Lu Gu Cho
Comuna popular da Amizade sino-romena ou da ponte Marco Polo[7]

Li Sian. Vice-presidente Comuna e Comitê Revolucionário[8]. Sra. Ho Shiu Young. Chefe do bureau administrativo da Comuna.

---

7. A comuna da Amizade sino-romena estava situada ao lado da ponte Marco Polo (Lugogiao), perto de Pequim. Essa ponte do século X, descrita com admiração por Marco Polo, ficou famosa por causa do incidente de 7 de julho de 1937 que marcou o início da guerra sino--japonesa.
8. Instalados entre janeiro de 1967 e o outono 1968, durante a Revolução Cultural, os comitês revolucionários simbolizaram a tomada do poder subtraído aos antigos dirigentes. Inicialmente compostos pela "tríplice aliança" de dirigentes reabilitados, representantes das massas e representantes do exército, em 1968 passaram ao controle do exército e desempenharam papel importante no restabelecimento da ordem.

– Fusão cinco cooperativas.

– Prestar serviços à cidade.

– Horticultura: último ano, 230 milhões de libras + maçãs, peras, uva, arroz, milho, trigo; 22.000 porcos + patos.

[Longa mesa oleado verde-claro. Cada um de um lado. Limpo. No fundo, cinco imensas garrafas térmicas pintadas (o samovar deles)]

Etapas: Grupo de ajuda mútua → Cooperativas → Comuna popular[9] = aumento da produção → segundo princípios: 1) Mao: Comuna é bom. 2) "Organizem-se". [Ele[10] conhece anos e números de cor]

[Na parede: Mao + citações + mapa pintado da comuna. Cadeiras ao longo da parede]

O chá é servido: sempre xícaras-potes.

Por que esses resultados?

– aplanamento dos campos

– trabalhos de irrigação. 550 bombeamentos elétricos

– mecanização: tratores + 140 motocultores.

---

9. Primeira etapa da coletivização: os grupos de ajuda mútua reúnem vários lares, frequentemente unidos por laços familiares. Segunda etapa: as cooperativas – de tipo inferior, com 20 a 50 famílias (semissocialista), ou superior (socialista), com 120 a 250 famílias – se generalizam em meados da década de 1950. A política do "Grande salto à frente" leva à instauração das comunas populares, que se desenvolvem no verão de 1958. Na base, está a equipe de produção; acima, a brigada de produção corresponde às antigas cooperativas superiores e também administra certos equipamentos coletivos. A comuna popular rural é ao mesmo tempo unidade de produção agrícola coletivizada, que pode agrupar 5.000 famílias ou mais, e unidade de produção industrial. Também exerce função social, educativa, administrativa e política, sob a autoridade do comitê do partido, além de ter papel militar. Mais tarde, as comunas populares, reduzidas e flexibilizadas, tornam-se puras entidades administrativas. Desaparecem em 1984, com a descoletivização.
10. Trata-se de Li Sian, vice-presidente da Comuna.

[A moça do chá, rosto rosado, camponês, plácido, dentes brancos e tranças, assiste]
Transportes: 110 caminhões, 770 veículos de tração animal.
= 11.000 famílias = 47.000 pessoas.
[O guia nos trata por tu]
= 21 brigadas de produção, 146 equipes de produção.
= 10 oficinas-fábricas (consertos, instrumentos agrícolas. Blocos[11]).
Todo esse bem-estar foi acumulado por nós mesmos.
Cada um que trabalha recebe mais de 600 yuans[12] por ano.
Nossos próprios esforços sem pedir investimento do Estado.
Mao: "É preciso centrar o problema sanitário no campo".
Atendimento médico gratuito (salvo inscrição). Cinquenta médicos descalços[13]. Cada equipe tem um ou dois médicos, cada brigada tem um centro de atendimento. Comuna: um dispensário.
[Somos novamente servidos da garrafa térmica]
Educação: 50 escolas secundárias + 19 primárias.
Cada ano: 20 candidatos para a Universidade, eleitos pela Comuna.
80 lojas: todos os artigos pelos mesmos preços das cidades.

---

11. Bloco [*brique*, em francês] é uma unidade estereotipada, fraseológica: "Todo discurso parece avançar por um caminho de lugares-comuns ('topoi' e clichês), análogos aos subprogramas que a cibernética chama de 'blocos'", Roland Barthes, "Alors, la Chine?", OC IV, p. 518.
12. Yuan: moeda chinesa. O yuan vale 100 fens.
13. Inspirado no exemplo do médico canadense Norman Bethune (1890-1939), que se pusera a serviço do exército vermelho, Mao Tse-tung lançou a partir de 1965 a ideia dos "médicos descalços", trabalhadores médicos que atuavam no campo depois de terem feito um curso de formação médica de três a seis meses. O dispositivo foi completado a partir de 1966 por jovens estudantes de medicina das cidades, enviados ao campo. A política dos médicos descalços foi abandonada na década de 1980.

Roupas: parte fornecida pela Comuna.
Ainda há deficiências. Nível da mecanização.

Visitas

Lojas. Somos aplaudidos. Frutas (maçãs, uvas, peras. Cheiro forte).
Grande garrafa térmica de vime.
Muito limpo e muito arrumado.

Uma casa (o tempo está lindo). Verdadeiros canteirinhos de hortaliças.
Alocução da Mãe:
Antes da Libertação[14], etc.
1949 o PCC nos libertou do abismo.
1954 participamos da cooperativa primária.
1955 construímos estes cinco cômodos.
Três filhos, quatro filhas. O mais velho na fábrica (24 anos).
Eletricidade.
O marido: Fabrica tijolos.
[Fico pensando: todas as mulheres de calças. A saia desaparece*]
Excedente de dinheiro: na Caixa Econômica.

---

14. "Libertação" designa a vitória dos comunistas sobre o Kuomintang em 1949. A República Popular da China foi fundada em 1º de outubro.

* O traje tradicional era com calça.

"Vida atual realmente excelente. Comparação com o passado: céu e terra".

[Toda essa visita a uma casa: lembra a visita à casa holandesa da ilha Marken]

Agora, as Mulheres têm direito de estudar, ir ao cinema etc.

Jornada: 5h acorda.

6h Plantações. 7h30 Desjejum.

Intervalo às 10h.

12h Almoço.

13h30 Trabalho → 15h30.

Depois Descanso etc. → 7h.

Noite: às vezes cinema.

Trabalho: todo dia: recebe pontos de trabalho

(28 dias para o homem, 26 para a mulher). Não há domingo. Rodízio.

A cada dez dias, meia jornada para a política + três vezes por semana, estudo. Hoje: crítica a Confúcio e Lin Piao. Lin Piao: queria voltar aos ritos para manter os camponeses na pobreza. Nós o estigmatizamos[15]. [É a mulher que fala com autoridade]. Confúcio quis restaurar a escravidão, Lin Piao também, copiou Confúcio.

....

15. A delegação da *Tel Quel* e seus companheiros chegou à China em plena campanha contra Confúcio e Lin Piao, a chamada "campanha Pilin Pikong". Desencadeada em decorrência do X Congresso do PCC em agosto de 1973 pela esquerda da Revolução Cultural, essa campanha visava inicialmente Confúcio e, através dele, Chu Enlai e os elementos moderados que começavam a voltar ao poder, como Deng Xiao Ping. Os radicais esforçaram-se por ligar a crítica à exaltação da Revolução Cultural. A partir de fevereiro de 1974, a campanha voltou-se também contra Lin Piao, associado à crítica a Confúcio, envidando esforços para atrair as massas. A campanha foi sendo aos poucos retomada pelos moderados, que modificaram seus temas, especialmente no sentido do elogio à produção. Extinguiu-se no fim do ano.

Alguns vasos de gerânio.

Na rua de taipa.
Na parede um Quadro Negro. Poema de giz.

Segunda casa. Cercado, pequenas árvores frutíferas em flor. A moça de vinte anos (aquela que nos serviu o chá no início): às vezes também faz poemas (e lê romances heroicos).

Momento de realização, assentimento, concordância: duas aulas, uma de inglês, uma de física (sobre a Força).
Aplaudem. Rostos. Objetos escolares pobres e limpos. Caritatismo. Além disso, eles nos aplaudem tão bem!
Aula de química. Em cada lugar uma bacia e uma torneira.

Pingue-pongue. Ph. S. joga. Pelas grandes vidraças, o dia claríssimo e árvores novas.

Eletricidade. Professor encantador vestido de macacão azul*.
Tudo isso finalmente erótico.

Essas aulas. Haverá no fundo penetras, gozadores, indisciplinados?
"VERIFICAR"

---

* Sua mão, suave e tépida – e fico sabendo que é operário.

Dispensário. Ácido clorídrico. Poças pelo chão. Cinco médicos descalços entre os quais a encantadora japonesa que nos apresentou o dispensário (veste jaleco branco comprido demais – como se estivesse fantasiada).

Noite. Marionetes.
Salão subúrbio. Forte granizo (cf. Dispensário).
Aborrecido e inevitável: vemo-nos confinados com duas filas de velhas europeias. Impossível misturar-se. Eles não querem. Corpos proibidos. Exclusões.

Noite: a maior enxaqueca da minha vida – insônia e náusea. Angústia, pior, pânico. Isso, chego a pensar, simbolizaria toda a rejeição do dia, toda a ruptura entre: Sim nada a dizer e não, não quero (o *Sim mas* do fetichista)*.

Lembrete: Talvez todo discurso político funcione como um objeto de investimento, de ab-reação, que por outro lado lhes possibilita não ser conflituosos, ser uniformes. Façamos um sacrifício a um bocado de Doxa, e todo o resto do Discurso (corporal, pulsional) estará livre.

Domingo 14 de abril
(Pequim)

Tempo encoberto. Vento frio.

----

* Vômito do Estereótipo, da Doxa.

Tipografia (Xinhua)[16]

Cartazes manuscritos com caricaturas. Confúcio e o absurdo. Caricatura do crânio de Confúcio, horroroso. Ao lado, um balão com mãe e bebê lindos (Lin Piao disse que seu pai e sua mãe lhe deram uma cabeça bem-feita).
Outra imagem: o avião de Lin Piao esborrachado[17]. [Portanto, o estereótipo dá ocasião a "invenções"].
Doxa repisada: Lin Piao e Confúcio tinham o mesmo ponto de vista.

O Encarregado da Fábrica + operário da tipografia.
Salão azul muito bonito. Sofás azul-celestes ao redor de toda a sala. Nós nos sentamos como em estalas. Perfume oriental. Quatro marxistas na parede (entre eles, Stálin)[18].
Boas-vindas do Encarregado.
1949. De início 100 operários. 6.000 m². Desenvolvimento: 3.480 pessoas, 8 oficinas.
[O encarregado nos oferecera cigarros, guardados em caixas verdes redondas. Chá]

---

16. "Nova China", Imprensa Nacional de Pequim (ver Marcelin Pleynet, *Journal de voyage en Chine*, Paris, Hachette, 1980, p. 14).
17. O marechal Lin Piao, um dos mais brilhantes generais do Exército Vermelho, desempenhara papel importante no desencadeamento da Revolução Cultural ao permitir que Mao se apoiasse no exército contra a direção do Partido. "O mais próximo companheiro de armas" de Mao Tse-tung, designado em 1969 como seu sucessor, desapareceu depois em condições não elucidadas. Teria urdido um complô contra a vida de Mao. Segundo a versão oficial, fugiu de avião com a família para a União Soviética e morreu no acidente com o Trident que caiu na Mongólia em setembro de 1971.
18. São sempre: Marx, Engels, Lênin, Stálin.

[Sempre essa exposição inicial muito elaborada, muito clara: muito tônica, número]
Impressão de Retratos e de Revistas ilustradas (Parte Norte da Fábrica). Sul: livros e revistas marxistas — *A China* illustrada, 17 línguas diferentes — + Revista albanesa[19] + revistas minorias nacionais + Revista *Bandeira Vermelha* + Romances (*Bandeira Vermelha*, 2 M. 200.000, Norte da China) — 10.000 toneladas de papel. Ataque do Encarregado à linha Liu Shao Shi: eram contra os retratos, editavam livros feudais. Com tudo isso, a antiga fábrica preparava a restauração do Capitalismo pela opinião pública. Felizmente veio a Revolução Cultural proletária[20]. [Aqui inserção do bloco: combater vitoriosamente as influências do bando Liu Shao Shi etc.]

[Ah se eu pudesse gravar meticulosamente esses blocos e mostrar sua combinatória]

Agora: *Obras escolhidas* Mao 40 milhões, *Bandeira vermelha* 100 milhões.

+ Movimento de estudos Marx Mao nas grandes massas de operários de nossa fábrica: 80 grupos de estudos fora das horas de trabalho.

---

19. Em 1974, a Albânia de Enver Hoxha alinhava-se com a China maoísta e era beneficiada por ajuda técnica, financeira e militar.
20. Depois do fracasso do "Grande salto à frente" e da carestia que se seguiu, Liu Shaoqi (Liu Shao Chi) e outros dirigentes adotaram uma política econômica pragmática, bastante liberal. Ele foi o principal alvo e uma das primeiras vítimas da Revolução Cultural: expulso do Partido em 1967 e depois alijado da Presidência da República, morreu na prisão em 1969. Foi reabilitado em 1980. Desencadeada por iniciativa de Mao, a Grande Revolução Cultural Proletária mostrou-se como uma luta pelo poder, que tinha em vista a máquina do Partido. Seu movimento apoiou-se na violenta insurreição dos guardas vermelhos (1966-1967), antes do restabelecimento da ordem sob a tutela do exército em 1968-1969. Segundo a história oficial, terminou em 1976 com a morte de Mao Tse-tung.

Contra Lin Piao. Retificação do estilo de trabalho. Todo o pessoal se lança na Campanha. Durante a transição socialista, a linha política é primordial. Estamos liquidando os crimes do bando Lin Piao. [Aquele ali: a maior densidade de blocos. Quanto o metro de frase?]. Verdadeiro discurso-sermão. Outro bloco: "Há mais de 2.000 anos, Confúcio queria voltar aos ritos. Voltar aos ritos é restaurar o paraíso perdido da dinastia...". [Portanto, quanto mais aumenta a cultura* (desse Tipógrafo), mais densos se tornam os estereótipos ≠ Ocidente] Lin Piao queria restaurar uma hierarquia em vigor na época feudal. Confúcio queria uma polidez que não se aplicava às pessoas do povo. Confúcio e Lin Piao plasmados na mesma farinha, *ejusdem farinae*. [Repisa-se o paralelo]. Estamos no começo dessa campanha. Ainda coisas que deixam a desejar.

Já não é granizo, é cheiro de gasolina.

Lin Piao, bode expiatório por conta de qualquer coisa, a cada dois minutos.
Acima de um corredor, slogan preto e vermelho. Boas-vindas ao grupo *Tel Quel*.
[Evidentemente, nessa fábrica alto nível intelectual. Cartazes sobre a *Crítica de Gotha*[21] etc.]

---
* É verdade que apenas política.
21. Na *Crítica ao programa de Gotha* (1875, publicado em 1891 por Engels), Karl Marx critica o projeto de programa socialdemocrata que as duas organizações da classe operária alemã queriam submeter ao congresso de unificação reunido em Gotha em maio de 1875. Esse texto é uma das principais referências da campanha contra Confúcio e Lin Piao.

Mais méritos para a Revolução Cultural? – mais que na Comuna Popular.

Enormes pilhas, nos corredores, de imagens hagiográficas.
Às vezes um sorriso delicioso, de fazer a gente se derreter (operariozinho empoleirado em sua grande rotativa que despeja imagens para a Albânia).
Ph. interessa-se muito pelos cartazes, muito numerosos e copiosos, e isso prolonga a visita. Mas prefiro as rotativas e os corpos (homens e mulheres) que as dirigem.
Destes, a maioria dos desejáveis está entre os operários.
Operárias jovens vestidas de macacão azul e bonezinho branco.
É a tipografia Xinhua (China Nova).

[Momentos de extremo interesse e de extrema angústia]

[É sempre a mesma coisa: os proletas têm boa cabeça – deixar fluente, verificar – mas, assim que passam para os quadros administrativos, a cabeça muda (nossos guias, o encarregado). Sem solução]

Quadro. As vantagens da Revolução Cultural. Pequenos objetos (bicicleta, rádio, roupas, porco) com a queda dos preços. [Esta Tipografia é muito Revolução Cultural]. Mas isso também por meio do anti-Lin Piao, que disse ter sido melhor antes.

Classificação dos tipos. Moças em compartimentos de três lados. São classificados pela frequência (primeiro os mais usados). Sala de fundição do chumbo. Uma mesa com quatro mocinhas, classificam tipos. São alunas de escola: um mês de trabalho manual.
Não tem jeito de ser desagradável – não muito sério.

Sempre bandeirolas "Boas-vindas a *Tel Quel*".
Se pudéssemos ver assim fábricas francesas? *Tel Quel* na França? Cada oficina: aplausos. "*Tel Quel* e seus amigos são aplaudidos nas fábricas da China".

文 艹 坐
tel quel
comme ça

"Mas, Sr. Barthes, não será um pouco usurpado esse aplauso que os operários lhe dirigem?"

Cartazes cheios de caligrafias em giz de cores esmaltadas.

O único ponto importante, sempre, em todo lugar, é a reconstituição cotidiana e universal da burocracia (da hierarquia, da divisão).

Importantíssimo: abolição do Manual/Intelectual, ou seja, da Hierarquia, da Burocracia.

Alocução final (tagarela) de um garoto muito vivo*. Lin Piao queria separar Mao do Marxismo porque não chinês. Os operários reagiram: eles podem compreender facilmente Marx-Lênin (Lin Piao dizia que não, mas que Mao, sim, era fácil: exemplo o dazibao sobre o *Programa de Gotha*.) Equiparação entre Lassalle e Lin Piao (complô reacionário)[22].
Mao: a luta de classes continua todo dia no período socialista. Lin Piao dizia ao contrário que a Revolução Cultural liquidara de uma vez com os reacionários.
[Raramente resposta a perguntas concretas ("quais são ainda os inimigos de classe na fábrica?"). Há: números e blocos]
Dazibao = colagens dos operários para ensinar os dirigentes a conhecer os problemas, a ter confiança nas massas[23].
"A Grande Revolução Cultural Proletária". [Parecem ter medo de relações pessoais entre eles. Não os vemos. Espanto ao ver na rua da fábrica um operário cumprimentar o Encarregado].

---

* Chefe da liga comunista, dos Jovens.

22. Na *Crítica ao programa de Gotha*, Karl Marx ataca as teses de Lassalle, fundador da Associação Geral dos Operários Alemães e inspirador, por meio dos "lassalianos", do programa idealista dos socialdemocratas de Gotha.

23. *Dazibaos* são cartazes ou placas com caracteres grandes, feitos à mão, com conteúdo político. Roland Barthes transcreve *Ta Tsi Pao*, transliteração não usual, mas Maria Antonietta Macciocchi, em *Dalla Cina* (1971), transcreve também: *tatzupao*.

Almoço no aeroporto.
Zhao, o guia: O senhor leu Hegel?[24] – Não, se não for necessário à Prática. A gente lê o que pode ser relacionado com a prática. Categórico, um tanto mecanicista, um bocadinho de autossuficiência nacional, nosso guia nos leva a mexer com ele, apresentando-lhe o tempo todo problemas neuróticos[25].

(Rememoração da visita à tipografia e das alocuções proferidas). A Doxa é muito forte, feita do assentamento de blocos de estereótipos; mas, como se trata de uma combinatória, pode-se ler e até decifrar a fala (viva, significante) por meio dos *esquecimentos* ou das *marcas* de certos estereótipos.
Além disso: o pensamento vivo, individual ("consciência política", aptidão analítica) deve ser lido *dentro dos* interstícios do tecido estereotípico (ao passo que entre nós, para fazer coisas novas, escapar à mortificação endoxal, é preciso matar os próprios estereótipos).

Avião Pequim-Xangai (13h15).
Boeing novinho. Muitos bonés de imitação americana. Comissárias de bordo: uniforme cáqui, tranças, maria-chiquinha, nenhum sorriso: o contrário da denguice ocidental.
Nenhum sorriso, em nenhuma ocasião.

---
24. Encontram-se impressões sobre essa questão em "Et si je n'avais pas lu...", fragmento de *Roland Barthes par Roland Barthes* (1975), então em preparação.
25. A atitude do guia Zhao provavelmente se explica pelo passado de suspeito. Roland Barthes escreveu o nome do guia como "Chao", que nós transcrevemos como aparece no *Journal de voyage en Chine*, de Marcelin Pleynet, segundo o sistema pinyin, sistema de transcrição alfabética e fonética do chinês adotado pela China.

Nossas comissárias bebezonas, austeras e de tranças nos servem um prato, uma faca, uma pera (tipo nabo doce) e uma toalhinha quente.
Tipologia dos penteados femininos:

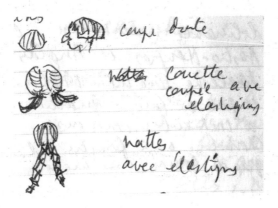

14h55. Xangai. 14 graus: nublado e não quente, algumas gotas de chuva.

Mais quente. Palmeiras. Mimosas. Perfumes.
Recepção de três azuis-marinhos entre os quais um redator da Editora de Xangai. Mais intelectuais? Menos turísticos. Óculos (variações, uma tipologia?)
Muita gente, mais atraente.
Numerosas placas em pinyin[26] (os dois são ensinados, parece).
Hotel (da Paz): euforia, alívio. Imenso, calmo. Austro-húngaro

----
26. Ver nota anterior.

e inglês. Marlene Dietrich 1930[27]. O porto em frente. Bairro inglês com imóveis imensos.
Quarto com duas janelas. Armário do tamanho de um aposento.

Pequena reunião com os que nos receberam, num pequeno salão de frente para o porto, veleiro marrom, pequena vela pendente no alto. Mesa de toalha branca, sofás, cigarros, chá. Apresentação do camarada Ye Ya Li, escritor, redator. Protocolos: alocução etc.

Uma voltinha ao redor do hotel. Curiosidade intensa; todo o mundo nos segue, nos olha. Olhares intensos.
Muitos casais amistosos.

Passeio sozinho ao redor do hotel. Sozinho finalmente. Faz bem.
Vi algumas lojas de roupas.
Jantar às 18 h.

Noite: Grande loja nº 1. Papelaria. Paletós. Aglomerações. Depois Magazine da Amizade. Falso Antiquário. Pincéis, porta-retratos.

Segunda-feira 15 de abril
Xangai

Nublado, bastante frio.

---

27. O Hotel da Paz, no Bund de Xangai, ao longo do rio Huangpu, nas antigas concessões internacionais, foi aberto em 1929 e é conservado hoje como testemunho da arquitetura da década de 1930, assim como o conjunto de imóveis do Bund.

Desjejum. Num terraço da frente, porto, veleiros ao fundo, um sujeito faz sua demorada ginástica solitária: nem músculos, nem ossos, o quê? "Desenferrujar" o corpo? Tao?[28]

Ontem, contente por ter encontrado a palavra "alocução". Mas Zhao diz: é melhor "falação".

Rumo ao estaleiro. Travessia de um amplo bairro popular. Carvoeiros de triciclo, carvões fumegantes. Parada do carro antes de pegar a barcaça. Um rapaz brinca com um estilingue, três mulheres das três idades lavam roupa numa tina de madeira, com uma tábua como em Marrocos, muita gente passando, muitos triciclos, cestos, móveis, metades de porcos, vassourões, cordame.
(Ontem, no carro, de novo a recomendação: não fotografe os *dazibaos*, são questões internas da China).

Tonificante travessia do Wang Pu. Cheiro de Peixe. Grande jangada de madeira. Imenso veleiro marrom gofrado.
Um pouco de sol.
Três rapazes do povo. Um canta. Música na barcaça. O barco à vela gofrado. Que cores! desbotadas, um pouco de amarelo, ferrugem desbotado, bege, torrone...
Do outro lado do rio, é a zona rural. Placas amarelas de colza. Mulheres – verdadeiras mulheres-machos, chapéu verde de vime, trabalhando em canalizações.

....
28. Noção básica da filosofia chinesa, especialmente do taoísmo, tao designa a força fundamental que flui por todas as coisas; nas artes marciais, por metonímia, designa um encadeamento de movimentos – via que conduz ao domínio da arte e à unidade.

Estaleiro. Festival de *dazibaos*!
Grande painel muito elaborado: Boas-vindas a *Tel Quel*. Banheiros. "Ladies" / "Gentlemen".
Salão, chá, cigarros. Boas-vindas de uma mulher* (Comitê Revolucionário. São três jovens, duas mulheres** + um baixinho de olhos vivos).
O camarada Tsan (do Comitê) apresenta o estaleiro (cargueiros de longas travessias e barcos fluviais. Construção e Reparo). 7.000 operários, dos quais 1.400 mulheres. 10 oficinas.
Antes da Libertação: docagem[29] gerida por burocratas. Apenas 700 operários. Reparos reduzidos. Hoje: gruas de 100 toneladas. Depois da Libertação, devolução do Estaleiro ao Povo Chinês. Grande desenvolvimento. Grande Revolução Cultural Proletária. 1969: navios de alto-mar de 10.000 toneladas [ligação entre Revolução Cultural e Produtividade]. [Mito da construção do Navio de Alto-Mar: Proeza, Prestígio. Navio "Vento e Trovão", início de um poema de Mao].
[O chá Xangai é bem menos gostoso que o chá Pequim, que era dourado e perfumado]
Operários: contra a linha revisionista Liu Shao Shi que dizia: Mais vale alugar ou comprar que construir[30].

....
* Chefe administrativo.
** Sindicato, Mulheres operárias.
29. Reparação do casco dos navios.
30. A acusação de revisionismo (no sentido de posição ideológica que preconiza a revisão de uma doutrina política dogmaticamente estabelecida), no contexto da China, qualifica os desvios em relação à linha maoísta, especificamente a política econômica de Liu Shaoqi no início da década de 1960, apresentada como revisionista. O termo também está associado à política da URSS pós-stalinista ("revisionismo soviético"). Sobre Liu Shaoqi, ver também nota 20, p. 19.

| *Cadernos da viagem à China* |

[Todos esses encarregados revolucionários locutores-apresentadores: baixinhos nervosos, vivos, sorridentes]
Para Navio de alto-mar 10.000 toneladas, foi preciso reformar a rampa (cf. abaixo visita[31]). Já 6 navios. Agora, outra rampa em construção para navios de 20.000 toneladas.
[O encarregado é aquele que conhece muito bem os números. Sabe falar, construir sua alocução, conduzi-la com clareza, sem floreios, mas com os blocos políticos convenientes. É um Retórico]

Visita ao Navio Fenguang (161 m x 20,4 m).
Carga: 13.000 toneladas.
[Olhinhos espertos e risonhos para cima, um topete no alto da testa. Baixo como uma criança, boneca nervosa e encantadora]

Visita-Estaleiro.
Sempre os bonés de palha.

Operário soldador muito jovem. Macacão branco. Pequenos óculos pretos redondos. Colarinho cor de rosa debaixo do macacão. Fita azul no boné verde de palha.

---
31. Ver p. 32.

Civilização sem falo? Alto índice de natalidade? Basta um pequeno ducto tumescível*.

Rapazes construindo um grande abrigo de madeira para *dazibaos*.
Visitamos uma enorme oficina de máquinas manejadas por jovens operários solitários como se fossem órgãos.
Observo que nosso encarregadozinho tem as mãos brancas e bem cuidadas.
Mandam-nos pôr capacetes de vime e luvas brancas.

Visita ao Navio. Apartamento do Capitão. Foto de Mao numa tribuna, piteira na mão.
(O navio, que está sendo reparado, faz Xangai-Japão). Isso me faz sonhar.
Sempre belas caligrafias de Mao (Poemas) na parede. Ouro sobre vermelho.
Do tombadilho, vista esplêndida à frente e o rio sulcado; grandes barcos no meio. O tempo está claro.
Jovem operário, oval perfeito, pureza dos olhos, das sobrancelhas.

Nos salões também, *dazibaos* no quadro negro (de um mecânico de cinquenta e quatro anos, que diz ser feliz por fazer a viagem num barco chinês, agradece ao Salvador Mao por lhe ter dado consciência revolucionária). Perfumes orientais.

[Sexualidade: o mistério continua – e continuará – inteiro]

---
* Escrito ao ver um jovem operário muito feio, mas *sexy*. É tão raro...

[O escritor: continua de boné, ao que parece por causa da calvície: está grudado. Põe o capacete por cima]

Operários: em todo lugar, ao que parece, trabalham com calma, descontração, atenção, frequentes interrupções.

Discussão (volta ao pequeno salão). [Liu Shao Shi e Lin Piao são avaliados em função do estaleiro. O primeiro: alugar em vez de comprar, comprar em vez de construir. O segundo: queria mandar construir tonelagens muito elevadas para rivalizar com os estaleiros adiantados do mundo: é a linha ultraesquerdista de direita – cf. a citação, na sala de jantar do navio, de Mao sobre a prudência, e a não precipitação[32]]
É a mulher que dá respostas: muito concretas.

Topos (dito pela mulher): seria possível construir 10.000 toneladas numa rampa de 3.000? Os técnicos diziam que não; mas a massa revolucionária dos operários, consultados [tema da prática] disseram sim etc. Topos da Ponte de Nanquim ("A linha revolucionária do presidente Mao")[33]

Moça (a terceira): Papel dos sindicatos: organizar o estudo dos princípios de Mao; organizar as massas operárias como força

---

32. Lin Piao fora um dos promotores da Revolução Cultural. A campanha "Pilin" equipara esse esquerdismo a uma atitude na realidade direitista e contrarrevolucionária. A citação pode remeter a um discurso de Mao Tse-tung de 1945, citado no *Livro vermelho* (4ª parte, XVII): "Devemos ser modestos e prudentes, abster-nos de presunção e de precipitação; servir o povo chinês de todo o coração".

33. A Ponte de Nanquim sobre o Yangzi é um cartão de visita da China, tem importância estratégica, é referência recorrente e constitui uma das etapas obrigatórias dos viajantes. Terminada em 1968, durante a Revolução Cultural, tem mais de 6 km e compreende dois andares, um para a passagem de trens e outro para a de automóveis.

principal na crítica em curso. Promover a produção. Competição na oficina. Formar os novos quadros administrativos entre os operários, receber a opinião das massas sobre a direção do estaleiro. Atividades esportivas, artísticas (Basquete, Pingue-pongue, Cinema, Esquetes de operários).

No carro, volta do estaleiro (é meio-dia, tempo encoberto, um pouco pesado, tenho sono, à beira da enxaqueca). Como Ph. S. empregou as palavras "voluntarismo" e "pessimismo" a propósito de Lin Piao (já não sei por qual razão), o guia Zhao tenta me persuadir com veemência: discurso confuso, cuja mensagem apaixonada e previsível é o topos sobre Lin Piao, hipócrita, que quis sabotar as conquistas da Revolução Cultural etc.

Maravilha insólita (ao longo do tempo) esse escritor magérrimo, de boné, que lembra Foucault, sorridente e completamente silencioso, que nos acompanha a todos os lugares na qualidade de escritor (ou seja, na qualidade de *falador*).

[Portanto, discurso deles: combinação de blocos, cuja interação, muito fraca, deixa perceber diferenças – sem dúvida sutis para decifrar. Pois não é nosso código: essa linguística não é saussuriana. Não há idioleto. Eles decerto não têm discurso para o amor, para o saber sociológico etc.]

Tarde de 15 de abril
Tempo bom

Visita a um bairro residencial novo. San Qua Lung.
Viela da Libertação.
Espécie de Cidade particular. Numa aposento: chá, cigarros, mesa. Apresentação [mulher do Comitê Revolucionário (– de quê? – de bairro). Cidade operária (ao chegarmos: habitantes em fila nos aplaudem].
Saúda amigos franceses e *Tel Quel*. 35 construções, 1.800 lares, 7.000 homens. Operários + professores, médicos, escriturários. Todos os serviços públicos. Escola primária. Creche. Alimentação. Oficinas peças de reposição. Cabeleireiro, livraria, banco. Antes: passado miserável. 1937, agressores militaristas japoneses. Bairros bombardeados[34]. 1941, muitos refugiados mendigos. Opressão dos proprietários: bairro populoso de pobres. Os abutres são os mesmos no mundo todo. Mesmo para fazer um casebre (ver a foto na parede), era preciso pagar aos déspotas locais.

---

34. Atacada em 13 de agosto de 1937 pelo exército japonês, Xangai caiu em 7 de novembro, depois de um assédio de quase três meses.

[Alocução chatíssima, comparação passado/presente. Recensear os *tópoi*.
Olho para meu copo de chá: as folhas verdes se abriram bastante e formam toda uma espessura no fundo do copo. Mas o chá é muito leve, insípido, mal e mal uma tisana, é água quente]
Depois de 1963, casas de quatro andares. 1967, 16 de julho: mudança geral. Festa. Habitantes compraram retratos do presidente Mao. Comovidos até as lágrimas. Os pobres não têm um destino definitivo. Libertados graças ao Partido, ao presidente Mao. [Discurso sentimental: *di yin*[35]]
Duzentos operários aposentados: aposentadoria dada pelo Partido e por Mao. Aposentadoria do corpo, mas não aposentadoria ideológica: ainda precisamos prestar serviços para a edificação socialista; devemos ser voluntários.

[Uniformidade do vestuário? Sem dúvida. No entanto, quantas diferenças, ainda que sutis! Paletós cinzentos ou pretos: funcionários públicos, dirigentes etc. Paletós azuis, operários etc.]

Os velhos ajudam na educação das crianças. Contam as lembranças da antiga sociedade. Episódio edificante: criança que encontra 40 fens na rua e os dá ao comitê revolucionário. Por quê? As crianças responderam: para observar os princípios do presidente Mao etc.
Operários aposentados: outra tarefa: saneamento.
Aluguel. Mês: 30 fens, 1 m².

---

35. Na literatura chinesa tradicional, *di yin* designa um "canto sentimental", na maioria das vezes um poema ritmado.

Visita (mais aplausos): Oficina: Mulheres: relés* oito horas por dia. Dez mesas, cinco máquinas por mesa + outros trabalhos. Num pequeno galpão na cidade. Fora, dia bonito, árvores, velhos, crianças. Cheiro de bala inglesa. Apesar do sol, é triste: oito horas por dia? Elas são feias. Não falam.

Zhao, no sol (saí um instante): "No passado, as mulheres: do lar, só em casa, objetos. Agora (movimento de cabeça em direção à oficina), estão libertadas; não por causa do dinheiro, mas da emancipação, da edificação do socialismo."

Segunda oficina (ainda eletricidade): apenas mulheres, a não ser *um* rapaz; franzino. "Tem uma doença crônica, mas pode trabalhar."

Museografia! uma ilha de velhos casebres, cartaz acima da entrada. Ruelas encantadoras! Um jardinzinho pacato com flores. Um velho (72 anos) nos mostra três nichos: sua antiga moradia (puxou riquixá durante vinte e sete anos). Topos do Reconhecimento. Topos Passado/Presente. [Aqui: Tema dos Pobres].

[O escritor continua ali: observo que suas calças estão do avesso, e com vinco bem marcado]

O velho (sequência do topos): analfabeto. Depois da Libertação, conseguiu assistir às aulas noturnas, sabe ler. Admiração pelo Presidente e pelo Partido.

---

* Baterias?

Gargalhadas O velho: Em 1972, um italiano chamado Antonioni... Antonioni... Antonioni... Mas o povo italiano amizade pelo povo chinês. Antonioni tem duas caras: não quis filmar os cinco andares, filmou os casebres-museus (reservado para a educação de classe das crianças); Antonioni rolou no chão para filmar! Caluniar o povo chinês.
Antonioni: mesma fala do revisionismo soviético, Lin Piao e Confúcio cantaram a mesma cantiga[36].
Tudo isso: o velho diante do nicho. [Quanta risada!]

Creche. Crianças três anos e meio. Balezinhos vermelhos. Meninas maquiadas, lábios vermelhos, bochechas vermelhas. Borboleta vermelha no cocuruto.
Esquete: a moeda achada na rua e entregue ao policial. Fundo de harmônio. Gestos: muito Mme Butterfly.
Outra sala. Outra dança. Dedo levantado.
Terceira sala. Rapazinho: Bom-dia. Esquete. Vamos representar atos militares. Sempre o dedinho, os dedos separados. Semifantasiados.

Visita a um apartamento. Uma operária aposentada. Quatro gerações, oito pessoas. Três cômodos.
Graças ao presidente Mao temos o direito de receber amigos estrangeiros, franceses.

---

[36]. Antonioni realizara um documentário sobre a China (*China,* 1972), que provocou críticas veementes, principalmente por parte de Jiang Qing, mulher de Mao, e de seu círculo. Os ataques contra Antonioni, no fim de janeiro de 1974, faziam parte da campanha contra Confúcio e Lin Piao e na verdade visavam desestabilizar Chu Enlai, que convidara Antonioni a filmar na China.

Na antiga sociedade etc.... as mulheres sem direitos etc.
Topos da Antiga Sociedade. [Distinguir o Topos da Alocução].
Ela desenvolve o Topos, com incidentes pessoais (um dia adormeceu, o contramestre bateu nela etc.).
[Narrativa, Repetição, lição: a *lectio*[37]]
[Surto de náusea antiestereótipo]. Cansado demais para anotar o topos, muito comprido.
"Vida" (narrativa), no sentido hagiográfico.
Aposentadoria: Mulher: 50 anos. Homem: 60 anos. "Não estamos aposentados ideologicamente. Precisamos corresponder à benevolência do Presidente Mao, precisamos prestar serviços, ajudando na educação das crianças."
Fim provisório do Topos. Perguntas. Chegada do Topos Grande Revolução. Cultural Proletária. Com isso, mais interessante: menção de divergências na família, pois a mulher teve uma fase de ligação com grupos conservadores. Aos poucos foi despertada pelo filho.

Lá fora, em pé, uma moça tricota com quatro agulhas. Um garoto come uma tigela de arroz com verdura por cima; bate num menor que chora e sai correndo.

Portanto, sessão em duas partes: 1) topos, Narrativa, *lectio* 2) Graças às perguntas, o idioleto reaparece um pouco, aparecimento do "caráter" (não, o clichê volta logo em seguida: Lin

---

37. Método de ensino escolástico da Idade Média, a *lectio* é uma leitura comentada de um texto canônico, com a finalidade de garantir sua compreensão.

Piao fez compreender que era preciso opor-se à restauração do capitalismo).
No bairro, reunião semanal (às quintas-feiras) dos habitantes do bairro para criticar Lin Piao, Confúcio. Extirpar a erva pela raiz.
E eis que aparece o Retorno aos Ritos.
O Topos é uma linguagem. Não exclui a sinceridade, a vida etc.

Segunda casa (a do Velho do Antonioni). Cozinha bem ornamentada com duas velhas cozinhando.
Cheiro bom. Há dois banheiros lado a lado: esquisito!

5h30. Discussão no hotel.
1) Sollers: Exigência de amor dos chineses.
2) Eu: Único ponto: a linguagem. Se não, concordância.

Noite

Circo. 12.000 lugares.
É o circo de Pequim que vi em Paris com não sei mais que gigolô.

A gente não sabe nada, nunca saberei nada: quem é o rapaz ao meu lado? O que ele faz durante o dia? Como é seu quarto? O que está pensando? Como é sua vida sexual? etc. Pequeno colarinho branco e limpo, mãos finas, unhas compridas.

Grande sucesso de um sonoplasta. Gosto dos chineses pela imitação? a crítica? Início de alguma coisa?

Campanha Pilin-Pikong (*Pi* = criticar, *Pan*: Abaixo)

Jantar:
1) Devem ser tomados *ao pé da letra*. Não são interpretáveis.
2) Corpo ao lado (Circo). Presença – mesmo na ausência.

Terça-feira 16 de abril
(Xangai)

Tempo bom, um pouco frio. Manhã de primavera.
Hospital nº 2. Jardins deliciosos. Depois, granizo.
Grande salão, Retratos. Grande mesa com *toalha branca**. Apresentação.
Wan: Comitê revolucionário (é pediatra) + Anestesia + Oftalmologia + Serviços[38], Bureau administrativo.
Hospital, 1958, Salto à frente. Pessoal: 1.100 –744 leitos. Escola médica, 3? alunos – 3.000 consultas por dia.
Princípios Mao: 1) em primeiro lugar profilaxia. 2) Serviço aos

---

* Toalha branca para falar, não para comer. É muito eufórico.
38. Palavra abreviada, leitura conjecturada.

Camponeses, Soldados, Operários 3) Movimento de massa no hospital, 4) Medicina europeia + medicina chinesa.
1) Profilaxia, Doenças comuns e epidêmicas. Equipes itinerantes.
[O chá é melhor: mais dourado, de jasmim].
2) Europa + China. 30% das operações sob acupuntura.
3) Pesquisa científica: principalmente sobre as doenças comuns. Exemplos: bronquite crônica senil, aterosclerose coronariana, câncer, catarata.
4) Ensino (nível Faculdade).
Ainda há deficiências.

Gastrectomia com acupuntura.
Elevador muito lento. Granizo. Cada um jaleco branco. Estamos fantasiados. Doente: 52 anos. Úlcera gástrica. Seis agulhas: duas, pés; duas, abdome; duas, costas.

Um sujeito alto, bonito, de azul, passa-lhe uma pomada durante muito tempo. Perto da cabeça, aparelho de estimulação elétrica. Uma meia hora para a anestesia. Campo operatório, vara de metal diante do rosto do paciente.
O de azul não está de luvas.
Paciente: olhos abertos, um pouco angustiados. (600.000 operações com acupuntura).
Paciente braços em cruz. Mais bem-sucedido na parte superior do corpo.
Cirurgião: alto de óculos. Efeito anestésico não completo, às vezes. Corte, incisão. O paciente está de olhos fechados. Acupuntura. Critérios. Pacientes:

| *Cadernos da viagem à China* |

– não muito gordo
– não operado antes
– não deve ter medo (psicologicamente preparado, explicações prévias do cirurgião). Ensaios de picadas. Antes da operação, pequena dose de calmante.
A operação continua. Incisão mais profunda.
Perto da cabeça, duas enfermeiras manipulam as agulhas da cabeça.
Aparece o estômago.
Num canto sobre um aquecedor, uma velha chaleira, um prendedor de papel sobre um papel enrugado.
Ele abre e fecha os olhos. O estômago vai saindo aos poucos.
[Sons estridentes das traduções enquanto o paciente está na mesa de operações]
(Operação de três horas).
Ele abre os olhos, crispa-se um pouco: tem náusea (a enfermeira lhe dá tapinhas nas bochechas). Dão-lhe um pouco de água na boca para reposicionar melhor a sonda (contra gases).
= Operário embalagem. Membro do Partido.
Há trinta e cinco cirurgiões no hospital.
Com muita frequência olhos fechados. Pálido.
10h20. O estômago saiu? A mão não está contraída. Saímos em grupo, em nossas fantasias, a galeria; embaixo as enfermeiras se voltam para o alto. O paciente parece olhar para nós, desesperado (não, não cabem adjetivos). Depois: travessia de consultas de oftalmo; gente nos corredores. Aplausos.

Filme: operação de catarata com acupuntura (Ensinamento do presidente Mao). Demonstração muito elegante.

Por fim, saímos de tudo aquilo. Volta ao Salão plácido, à toalha branca, às xícaras-potes de chá quente, aos cigarros, ao jardim ensolarado lá fora.

Conversa com os médicos:

Causas psicológicas das doenças? Sim, mas como estamos num regime socialista, pouquíssimas doenças mentais capazes de provocar úlceras etc....

[Redução às tensões profissionais: motorista]

Doenças mentais: causas externas (sociais): pouco numerosas (por motivo de ruína, "decepção amorosa" (!)). Curadas por Dialética Materialista. Xangai: um hospital psiquiátrico = Doenças mentais de causa interna, sistema nervoso, doenças hereditárias (esquizofrenia, uma parte). São contra Freud, pois sexualismo, a realidade não é sexual.

Tensão sexual dos jovens? Orientados para o esforço, o estudo, o trabalho. Vida sadia. Casamento tardio? 25 anos para a moça, 28-30 para os rapazes: aceito voluntariamente, não obrigatório. Liberdade sexual antes do casamento? Considerada como uma desmoralização; não é aceita pelos jovens.

Desde a Revolução Cultural, nova escola Acupuntura: estimulações mais fortes e menos prolongadas ≠ Tradição: punções mais suaves, mais prolongadas, permanecendo as punções. Mas mesma teoria dos Meridianos. Nova teoria: concentra-se a esti-

mulação para atacar o inimigo (concentra-se a maior parte das forças, a estimulação); número menor de punções ≠ antiga: 360 pontos, nova: 100. Paciente da manhã: novo método.
Acupuntura: avaliação feita pelo povo durante 2000 anos. Não há Filosofia específica.
Relações entre médicos e pessoal: Divisão do trabalho, mas igualdade política. Relações de camaradagem entre médicos e pessoal. Grandes questões: todos. Mas nenhuma autoridade dos médicos sobre o pessoal.

[Sobre todos os Mao de todos os salões, com a verruga no queixo]

Tarde
Tempo muito bonito

No alto de um prédio de dezessete andares (Hotel de Xangai). Terraço. Vista panorâmica (muito bonita). Xangai inteira, como Chicago. Cidade de tons escuros – buzinas embaixo, ininterruptas.

Casa do PCC (14h30)

Ver jogo de fotos oferecido.
1º de julho de 1921. Primeiro Congresso. Doze Delegados, entre os quais Mao. Clandestinidade. Casa na antiga concessão francesa.

[Salão, madeira castanho-avermelhada. Grande retrato de Mao jovem, bastos cabelos pretos. Mesa com xícaras de café]
[Boas-vindas, mas ficamos em pé]

Congresso: quatro dias aqui.
[Lustre com polia]
Depois sabotado por um espião chinês. Delegados obrigados a ir para outro lugar (barco num lago).
Casa ocupada por família chinesa comum. Aposento alugado por um delegado.
Toda a mobília, a louça: reproduzido, reconstituído.
[Portanto, o que eu acreditava ser sala e xícaras para nós era maquete de Museu].
Mais adiante na mesma casa: salão real da apresentação. Retrato Mao velho (com verruga). Chá. Xícaras muito bonitas (azul-claro com arborescências brancas), cigarros.
Encarregado da Casa Restaurada: Discurso histórico.
[O chá não tem folha, descorado]
Por volta de 1920, 70 pessoas, seis grupos na China + dois grupos estudantes, França e Japão.
Mao delegado de Hunan.
[E sempre Marx, Engels, Lênin, Stálin em grandes cromos]
Lista dos doze Delegados um por um – e da morte deles.
Quatro tinham aderido por vil especulação, renegados do Partido: a história deles. (Liu Jen Ching: tornou-se trotskista 1927. 1929, cria organização oposição Esquerda do leninismo. Trotskistas na China: com aparência de esquerda, minaram o PCC, em

| *Cadernos da viagem à China* |

conluio com o Kuomintang[39]. Voltou com nome falso à Universidade de Pequim, na Libertação. Protegido por Liu Shao Shi. Revolução Cultural: denunciado. Últimas notícias dão conta de que morreu).
Último delegado: Li Ta, delegado de Xangai. Depois da Libertação, Reitor Universidade Wuhan. Morto em 1966, doente.
+ Delegados por Lênin (III Internacional): um holandês Maring, Niknosky, russo[40].
Todos intelectuais (mesmo os 70 membros do Partido).
O Congresso: seu conteúdo. [É um verdadeiro Curso, bem construído]*. Debate: ou fundar um Parti proletário ou fundar um Partido reformista burguês. Linha de esquerda errônea: grupo restrito afastado das massas, atividades apenas entre o pequeno número de operários chineses: erro, pois afastado do campesinato. Linha de direita, errônea também: oportunistas: o Partido se limitaria à simples propagação das ideias marxista--leninistas sem organizar a luta revolucionária; opostos à disciplina estrita do Partido; Partido = Clube.
Mao criticou essas duas tendências errôneas. No fim, três decisões: 1) adoção dos primeiros Estatutos do PCC; 2) definir a

....
39. Fundado por Sun Yat-Sen em 1911, o Kuomintang (ou Guomindang), "Partido Nacional Popular", em 1923 formou uma frente única com o PC chinês, que obteve postos importantes no Partido Nacionalista. Com a morte de Sun Yat-Sen (1925), Chang Kai Tchek (Jiang Jieshi) assumiu a direção do movimento. Desfez a frente em 1927 por meio do "golpe de 12 de abril" (desarmamento e massacre dos militantes sindicalistas e comunistas de Xangai, seguidos de um expurgo anticomunista nas regiões controladas). Em 1º de agosto começou a guerra civil.
40. Pode tratar-se de Grigori Voitinsky (1893-1953), secretário da "Seção do Extremo Oriente" do Komintern, que parece ter contribuído para organizar o 1º Congresso do PCC.
* e sem nenhuma anotação!

principal tarefa do Partido: desenvolver o movimento operário, mobilizar as massas operárias (aplicação: 1921-23: plena ascensão do Movimento Operário na China. 300.000 operários organizados. Mas Mao também organizou os Camponeses, 80 % da população total); 3) eleição da direção do PCC; secretário geral: um ausente, o chefe do Bureau Educacional de Cantão: Chen Do Shu[41].

Em 1927, crise: 70.000 membros reduzidos a 10.000 (Golpe de Estado de Chang Kai Tchek).

Reunião de 7 de agosto (Huan). Mao está presente: o poder é na ponta do fuzil etc., etc[42]. Expulsão de Chen Do Shu. Todos os oportunistas de direita eram adoradores de Confúcio. É preciso associar Lin Piao e Confúcio.

Chen Du Shu: bandeou-se para o trotskismo. Ultradireita = Ultraesquerda! Os trotskistas chineses ligados à Organização Internacional dos Trotskistas. Chen Du Shu brandia a bandeira de esquerda, mas queria acabar com a Revolução: esquerda na aparência, direita na essência.

Fim!

---

41. Chen Duxiu, secretário do Partido de 1921 a 1927, foi afastado durante a reunião de 7 de agosto de 1927 pelo Comitê Central do PCC, sob influência de Stálin: foi acusado de "capitulacionismo de direita" depois dos fracassos enfrentados entre abril e julho pelos comunistas. Criticado por suas posições distanciadas da aliança com o Kuomintang, Chen Duxiu foi excluído do Partido em 1929 e tornou-se um dos dirigentes do movimento trotskista.
42. Esse famoso aforismo de Mao Tse-tung remete a um texto de 1938 ("Problemas da guerra e da estratégia"), retomado no *Livro vermelho*.

As Dez grandes lutas do PCC:
1. Chen Do Shu (Cf. acima).
2. 1927-1928   Chu Cho Bai, esquerdo[43]
3. 1930-1930   Li Li San, esquerda.
4. 1930-1931   Luo Chang, direita.
5. 1931-1934   Wang Ming, esquerda.
6. 1935   Chang Kuo Tao, direita (durante a Grande Marcha), linha derrotista[44].

Libertação
7. 1953-1955   Kao Kang, direita.
8. 1959   Peng De Huai, direita[45]
9.   Liu Shao Shi.
10.   Lin Piao.

[Aposento amplo, austero, muito limpo. Janelão com ladrilhos, castanho-avermelhado, dá para pequeno pátio interno, sol – mesa comprida com tampo de vidro (toalhinhas de renda embaixo). Mais recuadas, duas fileiras de cadeiras. Há o Guarda

---

43. Qu Qiubai substituiu Chen Duxiu em agosto de 1927 e, por sua vez, foi excluído da direção do Partido ("primeiro desvio oportunista de esquerda") em 1928 a favor de Li Lisan, que se tornou secretário geral de fato. Acusado do segundo desvio esquerdista do Partido, Li Lisan, partidário da revolução urbana apoiada nos sindicatos, foi julgado responsável pelas derrotas militares dos comunistas em 1930 e afastado; o poder então passou para o representante do Komintern e sua equipe, da qual fazia parte Wang Ming. Este depois foi acusado do "terceiro desvio esquerdista".
44. Esse famoso aforismo de Mao Tse-tung remete a um texto de 1938 ("Problemas da guerra e da estratégia"), retomado no *Livro vermelho*.
45. Kao Kang (Gao Gang) foi acusado de dissidência em fevereiro de 1954, oficialmente para ter desejado criar uma base autônoma (um "reino independente") nas províncias do Nordeste. Suicidou-se em 1954, e seu expurgo só se tornou público um ano depois. O Partido passou por nova crise importante no mês de agosto de 1959 com o afastamento do marechal Peng Dehuai, por sua oposição à política do "Grande salto à frente" e das comunas populares.

do Museu (o orador), os quatro intérpretes, o Escritor e uma mulher]. Mao sozinho numa parede olha os outros quatro na outra parede de frente. Sempre assim.

Discussão (depois de uma pausa): (17 h)
Relações com a III Internacional? Relações com o trotskismo? (Direitismo e Esquerdismo).
(O camarada não quer responder sozinho. Que todos participem da discussão. Ele falará de seu próprio saber).
[Queremos ir ao cinema; mas tenho certeza de que não poderemos; está sempre sendo adiado. Hoje disseram: em Nanquim. Decerto por causa dos próprios filmes. Não tão bons?]
Lembrança, por parte de Mao, de que nunca esquecerão o que devem a Lênin, Stálin.
Erros de esquerda? Porque seus responsáveis não souberam unir a verdade eterna do marxismo-leninismo à prática concreta da Revolução Chinesa.
[A mulher, mais atrás, tomando notas, passa um bilhete ao Encarregado-Orador. Quem é ela?]
Antes de 1927, III Internacional: papel de guia. Depois pontos de vista errôneos de Stálin sobre a Revolução Chinesa. Mas erros devem ser imputados principalmente aos três Responsáveis, e não a Stálin ou à III Internacional, pois eles aplicaram uma linha dogmática, transportando o que era soviético para a China, mecanicamente (não compreenderam que Operários na China = minoria ≠ Camponeses:

grande maioria)[46]. Outro erro: Cidade ≠ Campo (tema conhecido).

[Demonstração: correta, conhecida, lenta, lenta. Grande *correção* do saber]

"Apesar dos erros de Stálin no fim da vida (plano ideológico), Stálin continua sendo um grande marxista-leninista, pois sempre quis a Revolução". Se Stálin tivesse morrido depois, poderia ter dado solução ao problema soviético da luta de classes.

Trotsky contra o triunfo do socialismo num só país. Ultraesquerdista; afirmava que a Revolução Proletária na Rússia só poderia ser consolidada por disseminação da Revolução em outros países. Além disso, opunha-se à união de operários e camponeses. Luta de Stálin contra Trotsky: justa. Portanto, Stálin não é direitismo e trotskismo "esquerdismo"; é uma falsificação: enganar as massas. Mesmo no tempo de Lênin, Trotsky: fração antileninista. Lênin denunciou Trotsky. Afirmações enganosas de Trotsky. Trotsky degenerou em elemento contrarrevolucionário (atentados contra dirigentes soviéticos); 1926, associado à espionagem inglesa; foi correto expulsá-lo em 1929. 1933: IV Internacional no México. 1934: aliança com os japo-

---

46. A III Internacional (Komintern), formada em Moscou em 1919 e dominada por Stálin a partir de 1924, impôs ao PCC a colaboração com o Kuomintang, que durou até 1927, ano do esmagamento do movimento operário chinês. Para Lucien Bianco *(Les Origines de la révolution chinoise 1915-1940,* 1967, "Folio Histoire", 2007), os dois principais erros do PCC, sob a influência de Moscou, foram subestimar o perigo representado por Chang Kai Tchek (Jiang Jieshi) e apostar nos levantes de operários, em vez de jogar a cartada camponesa.

neses. 1935, relações com Alemanha hitlerista[47]. Atividades contrarrevolucionárias, relações com o imperialismo. Não adiantou brandir sua bandeira de esquerda, ajudou o imperialismo a sabotar a Revolução: direita = esquerda.

Trotskistas na China: sempre pouco numerosos. 300-400 – depois algumas dezenas. O Kuomingtang usou os trotskistas para enganar a juventude revolucionária: muito úteis para sabotar. Na verdade, autodenominados esquerdistas = direitistas.

Fim! 18h10!

Visita a uma livraria.
Prédio grande.
Primeiro andar: Vitrina Lu Xun[48]. Anuncia novidades. É grande, um pouco vazia. Visitantes. Não é multidão.
Mesa com bancos. Leitores de livros, muito absortos, velhos e muito jovens. Iconografia realismo socialista. [Faz frio. Resfriado?]

Noite depois do jantar. Passeio em grupo sozinhos. Muita gente. Que terreno para a paquera! Compras no Magazine da Amizade.
Discussão.

---

47. Todas essas acusações provêm da propaganda stalinista contra Trotsky (muito violenta na época dos processos de Moscou em 1936-1937): sabotagem, espionagem, conluio com o Japão e com a Alemanha hitlerista.
48. Lu Xun (1881-1936) é considerado o fundador da literatura chinesa moderna, em língua falada, especialmente a nova *(Diário de um louco,* 1918); em 1930 foi um dos criadores da Liga dos Escritores de Esquerda.

Quarta-feira 17 de abril
Xangai

Tempo bom.

Pequena avaliação: aparato de eficácia indiscutível (no plano das necessidades); ainda resta o enigma no plano dos valores (dos desejos); aqui não passam de meios.

Exposição industrial permanente. Galliera[49].
Saguão: estilo militar-industrial, exaltante. Busto, bandeiras, ornamentação com cordões de lâmpadas, letras vermelhas iluminadas. Cromo stalinista.
Preleção do? no Saguão. Boas-vindas. Números.
Olhamos de cima um saguão com máquinas muito limpas, que funcionam para nada. No fundo, Mao em pé, de gesso e com manto, cercado de bandeiras vermelhas.
Demonstração oral de um turborreator por um pedacinho de moça com pedacinhos de tranças.
[E sempre no fundo, as quatro caras em cromo dos germano-russos[50] – de frente para Mao na outra ponta]
Máquina de fabricar parafusos. Um rapaz a põe em funcionamento para nós; olha-nos intensamente – tem unhas cuidadas.
Perfuradora para clipes de caneta.

---

49. O palácio Galliera, em Paris, abrigava exposições de moda e de objetos antes de ser transformado em Museu do Traje e da Moda [Musée du costume et de la mode] em 1977.
50. Sempre Marx, Engels, Lênin, Stálin.

Zhao: o senhor entende de máquinas? – Não, mas aprendo. – É isso, a gente aprende todo dia.
Visita: etc.: máquinas, explicações, moças.
Um grupo europeu, feiíssimo, nos nossos calcanhares. Essas repetidas trombadas deixam em pânico o diretor que nos empurra e chama para a frente, com o gesto franco e nítido de um sacristão que recebe visitas em sua igreja.
Só ouço em cada máquina: antes da Grande Revolução Cultural.
O diretor, baixinho parecido com Francis Blanche...
Maquetes de navios.
Saguão de automóveis, caminhões, tratores.
Carro "Shanghai" (nossos táxis) cf. Volga[51]. 130 km/h. 12 l/100 km. Magnífico automóvel sem capota para recepções. Seu assento do meio, mais alto, é conversível em encosto traseiro apertando-se um botão. Tiro uma fotografia nele com Julia.

Passamos aos têxteis (belíssimo sol nos pátios. São 10h15). O diretor conseguiu separar os grupos, fazendo-nos passar batido pelo estande têxtil e trazendo-nos de volta a ele depois do grupo (atroz) dos bávaros.

Descanso numa espécie de cafeteria. Sofás de vime. Chá. Cigarros. Correntes de ar. Grande vaso de flores no meio.
Alocução, vá lá, de Francis Blanche.
[Chá verde, insípido e morno]
Durante a alocução sobre as máquinas Antes/Depois da GRCP

---
51. Lançado em 1956, o Volga foi o grande carro da era soviética.

(Grande Revolução Cultural Proletária), tenho diante de mim, na parede, uma ampliação de uma caligrafia horizontal de Mao: elegância total (estilo de erva[52]), cursiva, impaciente e leve. Reflexão sobre o "dirigente"; minhas pinturas: também blocos caligráficos; não é uma cena recortada, é um bloco que avança. Em torno de duas mesas de chá, pequeno seminário animado; logo logo estão discutindo entre si (sobre questões políticas).

Depreende-se que foram sempre humilhados pelos soviéticos, que lhes diziam o tempo todo coisas do tipo: vocês só vão conseguir fabricar carrinhos de brinquedo etc. Mas armados do Pensamento Mao Tse-tung... (Grande Salto à Frente[53]). GRCP: iniciativa completamente mobilizada dos operários.

[De qualquer modo este país onde, ao lado dos cromos de retratos, abundam caligrafias de Mao: elegância milenar, poesia, forma pessoal. É a contravulgaridade absoluta]

Salas: Artesanato.

Bloco de Jade (Hunan): três toneladas. Esculpido. A bandeira vermelha no ápice: de ágata. 12 artesãos, 2 anos 112: alpinistas escalando o Himalaia. [Mas o que é o jade que fascinou a China? Silício.]

Flores artificiais.

---
52. O estilo "erva" ou caligrafia cursiva é um dos estilos da caligrafia chinesa.
53. Por iniciativa de Mao, o "Grande salto à frente" (1958-1961) tinha em vista acelerar a construção do socialismo, rivalizando com a União Soviética, por meio de uma nova política econômica voluntarista: mobilização das massas, programa de obras públicas, aumento da coletivização com a criação de grandes comunas populares. Foi um fracasso, acarretando considerável escassez de alimentos.

Bibelôs de farinha de arroz aglutinada.
(Tudo isso, horrível, como deve ser).
Madeiras esculpidas: pratos, grupos.
Com lupa, poema de Mao, quarenta e cinco caracteres sobre um pequeníssimo pedaço de cristal.
Medicina. Agulhas acupuntura.

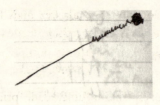

Outras, ligadas à eletricidade.
Maquete: um rato achatado com pontos de acupuntura.
A orelha tem quase todos os pontos para todo o corpo.
Plantas medicinais tradicionais (em frascos) e produtos feitos com essas plantas.

Grande maquete: átomos. Estrutura da insulina (1965).
Garrafas térmicas. Máquinas de costura. Talheres. Relojoaria.
Biscoitos, conservas. Foto. Instrumentos musicais. Máquina de escrever. 2.100 caracteres classificados de acordo com chaves.
Esporte. Pingue-pongue.
Outra sala (11h45). Cinema. Filminho: Acrobacias, música pentatônica.
Aparelhos de Rádio, cinema.

Aparelhos médicos. Os guias nos apressam – para grande decepção da pequena demonstradora (há uma por sala).
Sala de tecidos.
Piano de cauda. Harpas. Acordeões. Um rapaz toca muito bem no piano de cauda; muita energia. Grande técnica. Tende ao Pop!
Objetos esculpidos. Grupo. Mao de túnica, operários, soldados, camponeses. É um perfeito Sermão da Montanha.
Caligrafia de Mao. Muitas. Cada vez mais bonitas. A única obra de arte deles.
12h. Fim da visita.

Volta de carro (Sol esplêndido, amenidade, primavera): a multidão está em fila ao longo de todo o trajeto. São esperados quatrocentos japoneses (um navio), recebidos pela Municipalidade.

Tarde

[Assim como nos pediram que preparássemos e apresentássemos nossas perguntas antes de encontrarmos alguns professores de filosofia amanhã, eles também nos apresentaram de manhã, antes da conversa que teremos à noite com o escritor e os guias, uma lista de perguntas sobre os intelectuais na França, as revistas, relações com o PC, influência de Confúcio na França etc.]

Almoço. Discussão deprimente entre nós sobre a situação intelectual na França. Não houve acordo.

De barco
(no Wang Pu)

A pé, debaixo de sol, para o barco. Muito confortável. Dois garçons encantadores de branco. Boas caras, nem sombra de maldade. Na popa, linda varanda, sofás de vime, mesa, cigarros, bandeira vermelha.
No salão da frente: alocução do Capitão (mas outro grupo chega. Estragou tudo!).
Vamos embora. O capitão volta. Alocução. Daqui a Song (Confluente do Yang Tse): 28 km.

Barcos, barcos de todos os tipos.
Eis o estaleiro onde estávamos ontem (à direita).
Muito bonito: os grandes barcos, atracados, imobilizados no meio do rio, às vezes dois a dois, por quilômetros. E sempre sampanas, veleiros de cores brechtianas.
Passada uma hora e meia (às 15h) chegamos à confluência com o Yang Tse (depois de 28 km, praticamente, de porto, de barcos de todos os tipos). A coisa se amplia até a linha contínua de um verdadeiro oceano: azul acinzentado, navios ao longe pousados na imensidão. Muito impressionista. Fazemos meia-volta.

Junco admirável: amarelo, cabine azul-turquesa, traços vermelhos na quilha. Certo pregueado no casco.

Sorrisos do jovem de branco que serve chá (eles são de extrema familiaridade. Em outros tempos...).

Ao cabo de quatro dias – vontade enorme de tomar um bom café.

Velas com pespontos cruzados, capitonê.

Depois de escrever a P. B. de manhã, agora à tarde eu o desejo...

Na última noite sonho doloroso cujo tema é o seguinte: estou no meio de meus convidados, numerosos, mas sou excluído; tenho muitos amigos, mas não tenho amigo. Fico com raiva, e isso aumenta minha exclusão.

Voltamos ao hotel às 17h. O tempo continua bonito.
Descanso e cartões-postais.
(Nenhuma notícia de Paris e da França desde a partida).

Noite 19h
Discussão

numa salinha de nosso andar, no hotel, com nossos intérpretes e o Escritor.

Preleção do chefe da Luxingshe[54] (baixinho redondo de óculos). Apresentação do Escritor. "Vamos falar com intimidade, à vontade, informalmente".
Nossas respostas (Sollers):
1) a) Revistas francesas sobre "filosofia"?
– *Temps modernes*, Sartre (pouquíssimo conhecido)
– *Critique*, eclética (*Piping* ≠ *Pipan*: estigmatizar)
– *Nouvelle Critique*. Tiragem enorme. Aumentou sua influência (*La Pensée*). Para nós, luta teórica principalmente contra essa revista[55].
– Semanários. *Le Monde*. União da Esquerda.
– *La Quinzaine*: antichinês.
[Muito receptivos, cordiais, atentos, discutem muito entre si]
Retorno a *Temps modernes*: esclarecimentos.
b) Assuntos mais tratados:
a. Linguagem.
b. Instituições. Poder (Prisões. Direito-Asilos, Mulheres, Família, Moral burguesa, juventude). Crise do Poder. Ensino.
c. Ciências humanas. Psicanálise, Sociologia, Antropologia.
d. Controvérsias internas do Marxismo.

2) Objeto de Pesquisa no campo da teoria filosófica?
Ocupado 90% pelo idealismo burguês. Empirismo humanista. Tecnocratismo. Cientificismo.

---

54. A agência Luxingshe (às vezes "a Agência") é o organismo oficial chinês de turismo, tradução e interlocução política.
55. A publicação visada pela *Tel Quel*, *La Nouvelle critique. Revue du marxisme militant* (1948-1980), foi a revista oficial do PCF. *La pensée. Revue du rationalisme moderne*, está próxima do PCE.

Althusser. Seus dois momentos[56]. Seus alunos saíram do PC?

3) Influência da URSS e do Revisionismo sobre a teoria filosófica?

Influência direta URSS: muito pequena.

Influência do PC: muito grande.

PC: duas cabeças 1) política: pró-URSS. 2) de fachada para atrair: ecletismo generalizado, liquidação do marxismo-leninismo = o dogmático-revisionismo (ecletismo).

[Ph. S.: sua crítica maciça e incessante ao revisionismo será suficientemente dialética?] [A crítica chinesa ao revisionismo talvez seja mais flexível, mais dialética]

[É engraçado, essa mesa oval com toalha branca, nós ao redor e aqueles chineses de tipos tão diferentes, de óculos, boné, túnica, escrevendo o que Ph. S. dita]

[Chega o grande momento de Ph. S.: imagens abundantes, elocução segura, ele me olha etc.]

Ph. S.: Acordo proposto pelo PC aos intelectuais pequeno-burgueses: nós mantemos a ordem nas massas (infraestrutura), vocês cuidam da superestrutura.

[Ph. S. escamoteia completamente o esquerdismo-rival. Tudo isso muito egocêntrico: toda a imprensa é vista a partir da censura que impõe a *Tel Quel*].

....
56. Provável alusão à cisão epistemológica definida por Louis Althusser entre os textos do jovem Marx, antes de 1845, e os textos do materialismo histórico. (Ver Prefácio de *Pour Marx*, Paris, Maspéro, 1965). Louis Althusser ensinou na ENS da rue d'Ulm de 1948 a 1980.

[Exemplo, Pleynet apresenta como argumento de fascismo o incidente Ponge![57]]

4) Controvérsia entre marxismo-leninismo e revisionismo. Controvérsia pouco clara.

5) Trabalho de *Tel Quel*.
Nenhuma pretensão de fundar um partido político.

6) Seuil[58]. Pequeno-Burguês. Liberalismo muito grande. Encrave possível.

7) Lin Piao Confúcio na França? Até agora, confuso na França, incompreensível. Uma de nossas tarefas ao voltarmos: dar conhecimento e esclarecimento.

[Que fizeram nessa viagem? – Estudamos!]

Últimas intervenções dos chineses. Chefe Luxingshe: Não temos mais tempo de lhes falar de nossa edição. Pilin Pikong: entendemos que vocês não entendam tudo. Nós também não: movimento que começa na profundidade; nós, que participa-

---

57. Roland Barthes faz referência à violenta polêmica entre Francis Ponge e Marcelin Pleynet, que marcou a ruptura do poeta com a *Tel Quel*. Francis Ponge criticara um artigo de Marcelin Pleynet sobre Braque publicado em *Art press*, num panfleto intitulado: *Mais pour qui donc se prennent maintenant ces gens-là* [trad. livre: Mas quem essa gente está achando que é?]. Marcelin Pleynet publicou a resposta "Sur la morale politique" [Sobre a moral política] (datada de março) no número de *Tel Quel* do verão de 1974.
58. Trata-se das edições Seuil.

mos, estudamos (*Gotha. Imperialismo fase superior* + Mao: *Justa solução*); estudos de massa de Marx, Lênin, sobre Feuerbach, Engels, isto: bom[59]; com o momento presente. Edição de brochuras sobre Pilin Pikong. Revista de Xangai: por exemplo, artigo sobre o gênio de Lin Piao e a ordem inata do Céu de Confúcio etc. Outros artigos[60].

[O retorno do *Programa de Gotha* é interessante. Por que retorno visivelmente acordado – na campanha Pilin Pikong – do único texto utopista do marxismo?]

[Por instigação do Escritor, a quem era dedicada a noite, mas que como sempre não abriu a boca, deram-nos o número da Revista de Xangai].

Discussão: Continuamos? Sim, adiantamos o de amanhã.

Fala do Escritor sobre confucionismo e escolas materialistas (primeira questão de amanhã) e problema do meio-termo e do ultradireitismo. Meio-termo: maior ou menor conciliação, ecletismo. Atitude assumida em relação às contradições sociais; por exemplo, Lin Piao disse que em nossa luta contra o revisionismo soviético não cabe atitude extremista, não cabe exagerar;

---

59. Karl Marx, *Crítica ao programa de Gotha*, op. cit.; Lênin, *Imperialismo, fase superior do capitalismo* (1916, publicado em 1917); Mao Tse-tung, *Justa solução das contradições no seio do povo* (discurso de 27 de fevereiro de 1957). Engels publicou pela primeira vez as *Teses sobre Feuerbach* (redigidas por Marx em 1845) como apêndice a F. Engels, *Ludwig Feuerbach e o fim da filosofia clássica alemã* (1888), em versão modificada.

60. A imprensa oficial divulga os "blocos" da campanha contra Confúcio e Lin Piao. A defesa do "gênio", feita por Lin Piao, é vinculada ao pensamento de Confúcio (temas da "vontade do céu" e do "conhecimento inato", dos filósofos "sábios de nascença"...). É possível consultar a coletânea de artigos reunidos por Claude Schmitt, *Critique de Lin Piao et de Confucius (pi-lin pi-kong), janvier-décembre 1974*, Genebra, Alfred Eibel éditeur, 1975.

preconizava a conciliação para encobrir o revisionismo soviético [é o que acabo de escrever sobre Ph. S.!] [disse isso logo antes da Revolução Cultural], e capitular diante dele. Portanto meio-termo = na realidade oportunismo de direita: ponto de vista da prática realista ≠ meio-termo = metafísica: nas lutas de classes, atitude de indulgência! [Sinto-me visado]. Confúcio: meio-termo, pois queria um retorno ao problema escravagista. Lin Piao: se os dois lados querem reconciliar-se, então nos tornamos amigos [tudo isso vindo dos manuscritos da residência de Lin Piao]. Outro exemplo: Lin Piao: não devemos prosseguir a luta contra o revisionismo soviético, se não perdermos um amigo. Lin Piao: personagem de duas caras; muitas coisas que nutria por dentro ele não dizia: ele processo de revelar-se; nós, o de descobri-lo. O Plano 571[61] apelava para o guarda-chuva nuclear da URSS. Com o tempo, vocês, franceses, chegarão a compreender a essência desse problema, como nós, chineses.

A linha de Lin Piao: nem um pouco esquerdista, mas ultradireitista. Apresentou sua linha com aparência de esquerdista. Exemplo: "Moderar-se e voltar aos ritos"* = retorno ao Capitalismo. Mesmo, atentado contra Mao: projeto 5, 7, 1. Homófo-

---

61. Lin Piao opusera-se a Mao em torno de pontos essenciais, criticando especialmente a política de aproximação com os Estados Unidos. A narrativa do caso Lin Piao baseia-se em rumores. Na primavera de 1971, preocupado com seu isolamento, Lin Piao teria pensando num golpe de Estado com a ajuda de um grupo de partidários e de seu filho Lin Ligua; os detalhes do complô figuram no documento "5-7-1" *(wugiyi*, expressão que, pronunciada em tons diferentes, pode significar "insurreição armada"). Diante do fracasso do projeto em setembro, Lin Piao teria fugido e morrido num acidente de avião na Mongólia.

* Bandeirola, quatro vezes nos manuscritos de Lin Piao. Palavra de Confúcio.

nos chineses: 5 = Exército; 1, 7 = sublevação, insurreição = sublevação armada.
[O Escritor, que pena, é o mais estereotipado]
[Tudo isso se basearia nos "manuscritos" de Lin Piao. – A posteriori].
Fim da sessão 22h50!

Quinta-feira 18 de abril
(Xangai)

Tempo continua bom, como no verão – mas um pouco pesado.
No andar, bando de jovens garçons de branco; não estão nem aí para nada, veem tevê, bate-papo etc. Bem Bangkok.
Mala.
Curto passeio sozinho. A calçada do cais coalhada de gente (a toda hora); o porto é magnífico, amplo, holandês, um cargueiro saindo, veleiros etc. Bruma ensolarada.
[O mais gentil e amável de nossos três intérpretes de Xangai: Tchang Jon King. Luxingshe]

Sessão com os Professores de Filosofia de Xangai

9h. Pequeno saguão do hotel. Respostas às perguntas apresentadas por nós ontem. Cinco jovens, entre os quais uma mulher.
Universidade Futan
1. Ciências políticas: Tchu Tien Yang

2. Jing?: Filosofia
3. Mme?: Filosofia
4. Fan Tsu Zeu: História
5. Ying Pi Chan: Língua chinesa.

1) Controvérsia sobre Confúcio. Duas escolas antagonistas: Legalista/Confucionista[62]. Prenuncia-se um topos conhecido pelo historiador a respeito da questão: Confúcio escravagismo ≠ Legalista: Proprietários de terras em ascensão.

221 a.C.

[Trazem nossos paletós. Desapareço com prazer. Experimento a roupa. Volta. Fala-se de terras]

[Formuladas as perguntas de antemão, eles aparecem com uma aula]

[No início, a entrada da delegação, quer dizer, a descoberta, a "primeira vez" dos corpos, não tem algo de uma entrada de parceiros sadianos? Deste gosto, daquele não etc.]

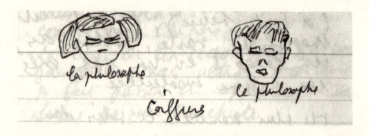

---
62. A escola confucionista privilegia o direito fundamentado na moral, o respeito à hierarquia e aos ritos numa sociedade patriarcal, ao passo que os Legalistas preconizam um governo fundamentado em regras escritas. 221 a.C. marca o início do reinado do fundador mítico da China, o imperador legalista Qin Shi Huangdi.

Aula muito precisa, muito detalhada historicamente. Aula de história marxista.

[Quanto a tomar notas, esta manhã, desisto definitivamente]

[Estamos numa "suíte" do hotel, quarto, duas salas, vista para o porto; em outros tempos, paraíso para morar – o cais para paquerar embaixo...]

10h07. A aula de história sobre os Legalistas ainda não acabou.

[Analisar bem o sistema do Chá: sessão prolongada, mesa, toalha, copos em protetores de vime, grande garrafa térmica. De vez em quando acrescentam água quente em cada copo. Insípido. Mas, existindo na mesa e nos gestos um protocolo, um *espetáculo*, isso faz da fala um *indireto*]

[Essa história parece diagramática: pelas personagens, situações, forças, lutas e até pelos episódios, seria emblemática da (suposta) Crise atual.

Figura superior, transcendente: luta pela restauração do passado]

2) Nossa pergunta: Lin Piao e o paralelo com Confúcio? Resíduos do confucionismo nos costumes hoje?

[Hoje de manhã o guia gentil me disse: Faça sempre as mesmas perguntas e acabará por compreender]

É o filósofo meninote (bem *sexy*) que está respondendo (ver desenho na página anterior).

Lin Piao: direita em essência, esquerda na aparência.

[Pedimos um café. Grande audácia e grande prazer]

Liberdades: Mercado livre. Lucros. Normas de trabalho nas equipes de produção (≠ não hoje). Venda das terras. Empréstimos com juros. Gestão das empresas privadas.
Tudo isso reivindicado por Liu Shao Shi e retomado por Lin Piao.
Trabalhava para restaurar o capitalismo.
– Mas Lin Piao combateu Liu Shao Shi?
– Ele se escondia por trás de uma bela aparência, continuava a linha Liu Shao Shi. No 571[63], ele disse que queria restabelecer todos os inimigos (proprietários, camponeses ricos, direitistas burgueses), emancipá-los no plano político. E no plano internacional: imperialismo revisionista.
Lin Piao e "Moderar-se e voltar aos Ritos", o "Meio-Termo".
Esses preceitos de Confúcio: na verdade, princípios políticos para voltar à escravidão.
Meio-Termo: valor moral supremo do sistema escravagista. Confúcio se opunha ao progresso da sociedade. Recusava-se a distinguir contradição principal e contradição secundária. Ora, solução de uma contradição: apenas pela luta, para engendrar outra contradição (ensinamento marxista). Lin Piao: atitude metafísica.
– Vestígios do Confucionismo? – Doutrina revolucionária: vestígios nos diferentes campos da vida social: por exemplo, entre os intelectuais: desprezo pelas massas operárias e camponesas [não entendeu a pergunta: não percepção etnossociológica], ideia de promoção por meio de estudos, recusa à integração dos

---

63. Sobre o "projeto 571", ver p. 62 e nota 61.

intelectuais nas massas. Outro preceito de Confúcio: deve-se fazer o povo agir sem compreender. *Idem* Lin Piao: que o povo pense no óleo, no chá, na soja, no vinagre, no sal, ou seja, nas tarefas domésticas.

Campanha Pilin-Pikong: elevar o nível político do povo. Lin Piao queria fundar uma dinastia fascista dos Lin.

[Muitas vezes, a coisa começa como topos muito distante da resposta e depois, aos poucos, se define]

Lin Piao: família de proprietários e comerciantes. Burguês Capitalista.

– Papel de Chu En-Lai na campanha?

– Comitê Central com seu cabeça Mao. Direção unificada.

[Será preciso fazer um estudo da Retórica dessas sessões, retomando todas estas notas: Plano das preleções, Estereótipos (Blocos), Comparações, Diagramas, Figuras etc.]

– Confucionismo e Mulheres? [A Mulher responde – rosto bem lunar, suave e lavado]. Confúcio: mais importância ao homem que à mulher. Vestígio no povo: desprezo pela Mulher, crença de que ela é incapaz. Hoje: as Mulheres são alforriadas em todos os planos, seu status consideravelmente elevado. Mulheres todas iguais aos homens, política e estudos. Plena confiança do Partido na professora que fala.

– O trabalho crítico sobre Confúcio será feito também sobre as outras escolas filosóficas da China?

– É necessário, mas atualmente, crítica centrada no Confucionismo, pois ele dominou por muito tempo a sociedade feudal. Outras escolas? A Legalista? progressista em seu tempo, mas

também reacionária, portanto deve ser submetida à crítica. *Idem* Taoísmo, embora menos forte que o Confucionismo. Será preciso criticar todas essas escolas do passado.
– Entre as escolas antigas, precursores do materialismo ? – Filosofia marxista: inteiramente diferente das filosofias passadas. Em todo caso, assimilá-las de um ponto de vista crítico, útil.
Wang Tsun (Han)[64]
Wang Han Tseu. Certos elementos dialéticos. Combateu a teoria da vontade divina.
– Há algo positivo no taoísmo? – Os representantes: da classe dos mestres: Tao (precedendo o Céu e Terra) = Espírito absoluto, de Hegel, idealismo objetivo. Mas luta entre confucionistas e taoísmo: lutas internas à classe dos mestres. Não era a luta entre idealismo e materialismo.

3) Perguntas sobre o ensino.
Filosofia? Linguística?
– Curso de Filosofia: Materialismo dialético clássico. Resumo de História da filosofia chinesa e de História da filosofia na Europa. Crítica das escolas burguesas*[65] contemporâneas. Econo-

---

64. Wang Chang (27-v.100) critica Confúcio num capítulo de seus "Ensaios críticos" *(Lungheng)*. Foi um autor utilizado na campanha contra Confúcio. O segundo filósofo é provavelmente Han Feizi (morto em 233 a.C.), teórico que fez a síntese do pensamento Legista (Anne Cheng, *Histoire de la pensée chinoise*, Seuil, 1997, p. 234). Os dois filósofos são citados por Julia Kristeva nas entrevistas de *Des Chinoises* (1974), Paris, Pauvert, 2001, pp. 268 e 275.

* Crítica ao Pragmatismo-Empirismo (Kant), Machismo (na verdade: o material de Lênin).
65. Alusão à crítica feita por Lênin, em nome do materialismo, às posições idealistas neokantianas dos "machistas", discípulos – especialmente os russos – do filósofo e físico Ernst Mach, que com Richard Avenarius fundou o empiriocriticismo (Lênin, *Materialismo e empiriocriticismo*, 1908).

mia política. História do Movimento Operário. Lógica. Línguas estrangeiras.

Lógica? – Não se ensina História. Ensina-se Lógica formal (com fórmulas).

Linguística? – Curso de língua chinesa. Linguagem antiga, atual, regras para escrever: "escrever bem"?

– Sim. Critérios para escrever bem? – Antigamente, ensino língua materna, mas desvinculado das massas; Revolução Cultural: reforma: língua materna ensinada em relação com pesquisas sociais dos estudantes → avaliações, relatórios de pesquisa. Os estudantes são levados a participar da reforma da escrita: atualmente simplificar os caracteres – aprender pinyin.

Diferenças entre o falar dos intelectuais e o das massas. Por isso Mao recomendou aos intelectuais que se aproximassem do falar vivo das massas.

Artigo de Mao sobre o estilo estereotipado no Partido. Intelectuais, muitas vezes, se expressam em língua escrita. Daí a distância. É preciso encurtar essa distância da maneira de pensar.

Linguística teórica, geral?

[Lá fora, o tempo fecha]

[O linguistazinho, um tanto gorducho ou em todo caso redondo, tem uma expressão muito meiga]

– Linguística: 1) aprender linguagem viva das massas 2) aprender linguagem clássica, assimilar o bom, o vivo 3) estudo das línguas estrangeiras, o que há de bom, criação de palavras úteis. Esses pontos estão em estudo. Entre intelectuais e massas, vocabulário e gramática: não muitas diferenças; mas o que o intelectual deve aprender é compartilhar os sentimentos das massas através da linguagem destas. Muitas vezes, intelectuais: linguagem insípida, vazia de sentido; portanto, através da linguagem, aprendem-se os sentimentos.

4) O último que não tinha falado: Ciências Políticas, História Revolução Chinesa etc. Cursos comuns a todas as seções. Ele: História da Revolução Chinesa sob a orientação do Partido. Cada curso: especializado. – Aulas magistrais?
Não, agora, discussões críticas. – Verificação dos conhecimentos? Espécie de controle contínuo (?). Se estudante errôneo, o professor deve discutir com ele e dar-lhe ajuda. Exames: não totalmente excluídos: formas, diversas, depende das matérias: línguas estrangeiras, matemática: exame. Exames de livro aberto. Para certas matérias: notas (exames de livro fechado).
Novos exames: pesquisas sociais à composição de um resumo, de um artigo.
Ênfase na capacidade de analisar e solucionar problemas concretos.

Fim da sessão 12h30.

Lembro: não quiseram nos levar à Universidade, explicando que veríamos bibliotecas, laboratórios: "sem interesse", "não se veio à China para isso"!

[Peculiar da indumentária chinesa – portanto do corpo chinês: paletó curto e calça curta]

13h45. Partida do hotel para a estação.

Será preciso começar pelo fato principal (Fenomenologia): uniformidade absoluta da Indumentária. Leitura subvertida do social. Uniformidade não é uniformismo.

Estação. Passamos por uma entrada especial, vazia. Atrás das vidraças, multidões apinhadas. Sempre acompanhados por nossos cinco. Último vagão, quase vazio. Limpo, confortável. Flores diante de cada janela. Corredor central. Capas brancas. Quase sozinhos, exceto no fundo dois ou três militares.

14h12 *De trem para Nanquim*

Tempo cinzento, bastante frio, ameaçando chuva.
Entrada no vagão: o eterno Chuvisco-Cloro. Mesinhas. Chá por moça de tranças e braçal.
Lá fora. Campo plano. Hortaliças. Colza amarela. Enfim, bastante francês. Casas. Trigo.

Verdade da viagem: na China não é totalmente desfamiliarizante (≠ Japão).
Nos vidros do trem, garoa – está chovendo.
Velocidade de ônibus lento. Sempre muita colza, casas, silhuetas trabalhando.

Todas estas anotações comprovarão decerto o malogro de minha escrita neste país (em comparação com o Japão). Na verdade, não encontro nada para anotar, enumerar, classificar.

Su Chu (Suzhu), a Veneza chinesa. Chuva. O trem fica parado muito tempo. Nosso vagão estaciona diante de um mictório. La fora, Rádio, excerto Ópera Pequim, *Tomada da Montanha do Tigre*[66].
Durante toda a viagem, programa Rádio interior do trem: voz superaguda de mulher; música (belas melopeias) e discursos decerto políticos.
16h05. Primeiras montanhas na bruma de chuva.
Lentamente, interminavelmente através dos campos, jardins bem próximos, que durante horas chegam até a estrada.
A paisagem é muito monótona. Tempo cinzento, chuvoso, triste.
18h30. A noite cai. Leio *Bouvard et Pécuchet*. Ph. S. e Zhao jogam xadrez chinês, que larguei logo depois de ter pedido uma demonstração.

---
66. Essa ópera revolucionária de Pequim é a uma das oito "obras-modelo" autorizadas durante a Revolução Cultural.

20h. Chegada a Nanquim. Faz frio.
Dois sorridentes da Luxingshe, muito acolhedores. De micro-ônibus para o hotel, através de longas avenidas orladas de plátanos. Tudo isso é muito francês.
Hotel muito bom, muito confortável.
Racional, nada exótico, nada desfamiliarizante. Não estamos na Ásia, desde o início.
Jeito holandês do campo: canais, demarcações geométricas, sempre silhuetas.
No quarto, sempre pente, escova, sabonete, sandálias, água e aqui açúcar (para o chá preto que será trazido no dia seguinte de manhã).

Sexta-feira 19 de abril
(Nanquim)

Não preguei os olhos, nem com um hymenoctal, em razão da dureza da cama, verdadeira tábua.
Nublado, bem frio. Pulôver grosso.

Com o pessimismo, parece que volta a lucidez política a Ph. S.

Hotel: num jardim-parque, com belas essências de árvores, magnólias, plátanos, pinheiros. Bem francês.

Micro-ônibus. Nossos guias de paletó, o motorista de azul. Rumo à Grande Ponte. Preleção do Jovem Guia sobre Nanquim. Números.

[Avenida de plátanos com três aleias]
Quando ficam embaraçados com alguma coisa, dão muita risada um para o outro.
Somos levados até o encontro da Grande Ponte, onde dois nos acolhem. Pequeno terraço amplo florido. Vento muito frio.
Sob a ponte, grande caligrafia gravada em ouro, de Mao.
Sob a ponte, juncos passando no cinzento.
No nível inferior, multidão nos espiando. Menina andando sobre o parapeito, guiada pelo pai.

Escritório de recepção da Ponte. Amplo, frio, soviético.
Elevador "transistorizado". Aparentemente subimos muito. Mas não tudo, até a altura do nível superior, o da pista de carros[67]. Debaixo de nós, bem pertinho, passa a pista. Um jovem, lépido, vai fotografar a passagem dos autos. Frio glacial.
Visita ao nível dos trens abaixo do de autos.
Como Pleynet tem vertigens e eu, frio, voltamos juntos, enquanto os outros vão até o meio da Ponte.
Por que há duas ascensoristazinhas para um elevador?
Na gaiola glacial e nua, ainda caligrafias.
Caligrafias muito bonitas. Sempre assim: a única coisa bonita; o resto: realismo soviético.

---
67. Sobre a Ponte de Nanquim, ver nota 33, p. 31.

Salão. Imensa maquete. Sofá na frente. Mas nada de chá! – Quem disse? Lá vem ele.

Preleção do jovem funcionário. Sorriso lindo. Paletó austero (tipo politécnico). Boas-vindas. Camarada X: explicações sobre a construção da Ponte.

Ponte construída pela classe operária da China. Contar com as próprias forças[68]. 1960 → 1968-1969. Números etc. Dificuldades: em 1960, a URSS rescindiu o contrato de fornecimento do concreto, para sabotar. Então, operários: dois anos de experiências → aço especial para a construção. (preleção curta).

Outras dificuldades? Sim, mas respostas vagas. Nenhuma alusão à GRCP.

– Dificuldades ideológicas da GRCP? – Ponte construída segundo o princípio de Mao, Independência e Autonomia. Mas também, lutas. [Referência incessante a Mao]. Linha Liu Shao Shi-Lin Piao: queriam importar tudo do estrangeiro.

[Cada vez me parece mais evidente o seguinte: holofotes sobre o problema nacional (contar com as próprias forças), opacidade total do social-revolucionário – o que, no atual estágio da viagem, nada faz a China se diferenciar realmente de um Estado stalinista].

Fundações: antes da GRCP. Parte de cima: durante a GRCP a Revolução dá muitas forças ao Povo para construir a Ponte.

– Papel de técnicos e operários? – Aço especial: luta de linhas [resposta banal]. Fabricar aço especial contando com nossas

---

[68]. "Contar com as próprias forças", um dos slogans do Grande salto à frente, retomado no *Livro vermelho*, aplica-se especialmente aos anos de ruptura da ajuda soviética. Em julho de 1960, Moscou chama de volta seus técnicos e suspende os acordos de cooperação com a China.

próprias forças. A Prática produziu os verdadeiros conhecimentos. É preciso fazer muitas tentativas. Construção da Ponte: ataque à URSS.
Deliciosa confissão: "temos o costume de dizer num fôlego: Liu Shao Shi-Lin Piao".

Aperto de mão agradável, demorada e tépida com o belo Apresentador sem jeito.
Partimos de novo e passamos devagar pela ponte.
Espaço progressista: a miniatura em potência.
Espaço das crianças. O contrassenso das arquiteturas soviéticas aqui.
Na extremidade da Ponte, descemos, enquanto o micro-ônibus dá meia-volta. Mais abaixo, plantações de uma comuna popular. Verde, verde. Um velho búfalo puxa uma grade.

Retorno a Nanquim: primeira parada de velhos ciclo-riquixás.
Giro de um lago – diante da estação. Piscina. Peixes no chão.
Estrada estreita por entre corpos de água. Aleia de glicínias.
Jeito de Bosque de Bolonha em tamanho maior.
Sol pálido.
Quiosques. Gente passeando.
Paramos para fotografar. Multidão estupefata. Gente passeando de barco.

Visita ao zoo. Um pouco de sol (ainda naquele grande Tivoli com lagos). Como todos os zoos do mundo. Seguidos devagar

por cinquenta pessoas. Panda. Duplo zoo: nós olhamos o panda, cinquenta pessoas nos olham.
(Não há placas).
Com frequência olhares simpáticos, vontade de cumprimentar, de sorrir.
Visita a um mictório!
Eles escarram e assoam o nariz no chão com facilidade.
Tigres, esplêndidos, bonitos como nunca vi.
Realmente tigrados e fortes.
Macacos. Leões. Ursos marrons. Enormes rapaces.
[Todos esses animais são muito grandes, quase caricaturais, como que produzidos por um desenvolvimento forçado, ou manifestando a essência vigorosa da espécie].
Granizo, evidentemente!
Lanugem de árvores flutuando no ar.
Aves (placas). Pavões. Dois pavões brancos ruantes. Um pavão grita Leão Leão (não em chinês?).
Em tudo isso, nuvens de crianças.

Visita a uma exposição (no Parque) de desenhos e escritos de crianças (às 11h antes do zoo, estava fechada, mandam abri-la).
Desenhos realistas, que pena! O mais terrível.
Um desenho: a ponte de Nanquim numa garrafa térmica (e dois copos). Decididamente, a garrafa térmica...
Cenas político-realistas. Pingue-pongue. Operários na fábrica. Jovem guarda vermelho. Crianças semeando (Entre nós: crianças se amando). Crianças escrevendo um *dazibao* num muro de

tijolo. Professor ensinando a escrever. Operária lendo à noite na cama à luz de um abajur (estuda). Artisticamente, é lastimável.
Cabeleireiro (ajuda mútua).
Caligrafias. Que mudança. Com treze anos, caligrafia muito pessoal, tendente ao cursivo. O traço que vai secando comprova a pulsão (frequente em Mao).

Erva: Tsao Uma muito bonita, pulsiva, estilo de erva, cursiva. Na verdade, é uma imitação de Mao.
Ao lado, bela caligrafia, estilo "quadrado".
Realmente a única forma de arte e como é superior.

[Três níveis de percepção:
1) Fenomenologia: o que vejo. Maneira ocidental.
2) Estrutural: como funciona: descrição do aparato de funcionamento. Nível staliniano.
3) Político: lutas sociorrevolucionárias. Para qual Revolução? Lutas de linhas etc.]

Tarde *Escola Normal Superior de Nanquim*

Bandeirola de boas-vindas ao *Tel Quel* (amarelo sobre vermelho). Diretor adjunto do Comitê revolucionário + outros bem idosos. Um velho de bigode, ar de artista. Grande salão muito decorado com vasos, grandes mesas, lanternas, flores, Mao. Caligrafia. Perfumes.
O artista é professor Faculdade Belas-Artes (estudou na França há quarenta anos), Cheng Chen Fu + Professor Música + Professor Pedagogia.

Alocução. Boas-vindas.
Histórico. 1952, 11 Faculdades [o chá é melhor, mais dourado]. Escola Normal: prepara os professores do secundário. 1.600 alunos. 540 professores. 11 Faculdades, Ciências e Letras.
[O artista: usa boné azul-marinho, tal como outros usavam boina e gravata *lavallière*]
Antes da GRCP, linha Liu Shao Shi, sabotagem da linha revolucionária. Linha revisionista: desvincula ensino e sociedade; faz uma escola de portas fechadas. Durante a GRCP, criticamos essa linha; reformamos em todos os campos, os métodos. Agora, escola de portas abertas: Massas. Produção. Sociedade: união, combinação. Estudantes participam luta de classes e realização científica. Antes: quatro anos de estudo ≠ hoje: dois anos e meio. Prática em primeiro lugar. Coisas antigas e estrangeiras: rejeitar as ruins, aspirar às boas. Agora: menos carregado, menos confuso. – Método de ensino? – Relação professores-estudantes = igual; crítica sobre o ensino, durante o ensino; um estudante experiente pode dar aulas.
Agora: Pilin-Pikong. Ambos: mesma pessoa, Lin Piao discípulo a toda prova de Confúcio.
[Em Nanquim: aparecimento das árvores anãs em potiches]
Retorno aos Ritos, ao Capitalismo, ao Passado. [Topos puro, não anoto]. Doutrina de Confúcio: muita influência sobre o povo chinês. Donde [topos puro, *ne varietur*] a campanha.

Visita. Pequena oficina de Física nos fundos do belo jardim.

[O artista foi a Montparnasse, à Grande Chaumière[69]]
Um motorzinho* sozinho roncando no chão, um jovem chinês ao lado.
[E se todo este país fosse apenas: totalmente *ingênuo*?]
Numa oficina (que vende motores elétricos para máquinas-ferramenta do Estado), os caras estão fumando.
Em todas essas pequenas oficinas, rapazes bonitos. Muitas vezes, rostos fechados de início que se iluminam completamente com um sorriso se fazemos algum sinal.
[O tempo continua fechado]
[O professor de música também esteve na França; em Nancy e em Paris, onde um pouco de violino e composição]
Biblioteca.
[Estendida sobre todos a cobertura racional, é raro que ocorram incidentes, inconvenientes, despropósitos ≠ Japão]
Biblioteca: Naftalina.
[Os dois artistas são amáveis, agradáveis, um pouco extrovertidos]
Biblioteca: é agradável, limpa, discreta. Esta Universidade: anti-Vincennes[70].
Tradução de Zola e Maupassant.

Campainha de colégio.
É uma espécie de *Campus*.

....
69. Academia da Grande Chaumière, fundada em 1902, na rua Grande Chaumière nº 14, em Montparnasse, escola de arte de grande reputação em Paris no início do século XX.
 * Um pequeno gerador.
70. Roland Barthes faz referência ao Centre Expérimental de Vincennes que, criado em 1969, tornou-se a Universidade Paris 8.

Faculdade de Belas-Artes: Primeiro ano: 30 alunos. Segundo ano: 120 alunos. Apresentação do Artista.

Descanso num pequeno salão, para ver quadros de professores: Mao inaugurando a Ponte de Nanquim; uma delegação com bandeira vermelha subindo a rampa da Ponte. Estilo cromo-realista. GRCP: abrir as portas dos ateliês (antes, sempre dentro do ateliê; segundo pinturas antigas): ir às fábricas, às comunas e aos acampamentos militares: expressar os atos em pinturas. Também fornecemos quadros de propaganda para as comunas. Antes, os operários-camponeses nos serviam (simplesmente como modelos), hoje: nós lhes damos as pinturas.

Dois estilos: 1) chinês tradicional modernizado com conteúdo socialista* 2) soviético-realista (estrangeiro). Caricaturas (feitas por estudantes) Pilin Pikong (horríveis, pois bastante realistas – o que é uma contradição para a caricatura). Lin Piao adaptado a todos os temas, com sua calvície e seu jeito pouco chinês: duas caras, gênio, meio-termo, dinastia (o filho). [Linguagem fortemente tematizada: Poucos temas]. Embora feitas por várias pessoas, exatamente o mesmo Estilo.

Ateliê: produção de longa caligrafia por um professor de caligrafia. Pulsões, torções, pontos violentos e resultado elegante. Põe um sinete vermelho. Toda a sua pequena bancada: pincéis, tinteiro, pires com água. Sinete vermelho.

---

* Por exemplo: Vasta paisagem com árvores, vale chinês + fio de teleférico (Gênero aguada).

Outro: grande tela estilo antigo. Espécie de aguada. Limpo, de japona azul, as mãos limpas.
Primeiro ano: Desenhos em quadrinhos. Segundo ano: Cartazes. Biologia (no segundo andar), ou seja, na verdade pequeno Museu de Zoologia e Botânica.

O músico está de calças de veludo e paletó à antiga, embora de gabardine (estilo mandarim). Na verdade, como se diz, paletó de inverno. Percebe-se a origem antiga do colarinho Mao.

Música. Sala (cf. de ginástica), um piano de cauda. Alunos. Aplausos. Boas-vindas.
Concerto. Um quarteto de moças canta boas-vindas; no piano um jeito de charanga. É afinado, fácil. Voz bonita. Elas são bonitas.
Solo de Tchiba[71] (violino tradicional) tocado por um jovem sentado numa cadeira. Espécie de balalaica vertical de cordas pinçadas. Tecnicamente perfeito. Rapaz de rosto amarelo, pensativo, cerca de dezesseis anos. Elegância.
Coro de moças. Canto de Mulheres-Pilotos: muito marcial. Gestos estereotipados de apoio. Em contraponto discreto. *Pianissimi* e *crescendi*. Em seguida: coro dividido. Tudo isso excelente: de exportação, por Lombroso[72]! Adoráveis, apesar das cores desbotadas. Paletó curto, calça curta, tranças, sapatos chineses.

---

71. Esse instrumento de cordas pinçadas, espécie de alaúde ou bandolim chinês, chama-se "piba".
72. Trata-se do produtor Fernand Lombroso, que apresentou na França o espetáculo do Circo de Pequim a partir da década de 1960, visto por Roland Barthes em Paris.

Solo de flauta. Um rapaz. Cf. Flauta de Pã. Canto de Camponeses.

Coro de rapazes. Acordeão. Canto. Navegação noturna. Muito russo. (*Crescendi*, conjunto). Bem feios. Tenores/Baixos. Canto dos Resistentes.

Rapaz. Solo de violino de duas cordas (+ piano) (Ritornelos banais do acompanhante): Ótima técnica. Muito expressivo. Pulsões. Eros.

Canção cantada por uma moça. "O Sol é Vermelho".

Grande conjunto de instrumentos antigos. "Os soldados e a População".

Pés da moça sob o xilofone:

= Comportados: isso reproduz a correção de seu anúncio.

Volta à sala. Chá. Perguntas.
– Ensino da literatura chinesa.
Antiga: Crítica ao ruim, fica-se com o bom (*O sonho do pavilhão vermelho*[73]).
Moderna: analisam-se as personagens (reflexo do espírito atual "Camponeses-Operários-Soldados").

---
[73]. *O Sonho no pavilhão vermelho* de Cao Xueqin (1723-1763) é um clássico da literatura chinesa, interpretado na campanha contra Confúcio como um romance político anticonfuciano. Ver o artigo de Ren Du (abril de 1974), traduzido no nº 60 de *Tel Quel*, inverno de 1974.

24 — (Rappel de la visite de l'im
primerie et des speechs qui y
furent tenus). La Doxa est très
forte, faite d'un limonnage
de blocs de stéréotypes ; mais
comme il s'agit d'une com-
binatoire, on peut tout de
même lire, voire dé chiffrer
la parole (vivante, signi-
fiante) à travers les nubs
ou les marges de certains
stéréotypes.
De plus : la pensée vive, in-
dividuelle (la "conscience
politique", l'aptitude à analyser
que) doit se lire dans les
interstices du tissu stéréoty-
pique (alors que chez nous, pour
faire nouveau, échapper à
la mortification endoxale,
ce sont les stéréotypes eux-
mêmes qu'il faut tuer).

— Arrivée Pékin Shanghaï (13h15)
Boeing tout neuf — Nombreuses
casquettes dans le toc améri-
cain. Les hôtesses : le treillis
kaki, les nattes, les couettes,
pas de sourire ; le contraire de
minauderies occidentales —
Pas un sourire, en n'importe
quelle occasion.

— Nos hôtesses paysannes, austères
et tressées nous servent une
assiette, un couteau, une
poire (genre navet sucré) et
une serviette chaude.

- Typologie des coiffures féminins
  - coupe droite
  - couette coupée avec élastique
  - nattes avec élastiques

45°. Shanghai : 14° : gris et pas chaud, qques gouttes de pluie.
Plus chaud. Palmiers. Mimosas. Parfums.

- Accueil de 3 bleus marine dont un rédacteur de la Maison d'édition de Shanghai.
Plus intellectuels ?
Moins beuviteux.
Lunettes (dS vériation, une typologie ?)

- Bcp de monde, plus attirant.

- Ntusze enseigne en pinyin (on enseigne les deux, paraît-il)

[Perfumes intensificados. Penicos]
"A forma serve o conteúdo".
– Pintura. Aprendem 1) história em quadrinhos 2) cartaz. Não há curso de história (mas os professores o estudam. Crítica da pintura ocidental). O velho artista: estudamos marxismo, é difícil, para elevar nosso nível [nada a fazer: esse velho montparnassiano é um pouco lastimável].
– Campanha Pi Lin Pi Kong: sim, dentro da Escola, em todo o trabalho. Influência de Confúcio na vida corrente: "os encarregados são inteligentes, os inferiores, tolos; os que estudam bem tornam-se dignitários" etc. Mas na campanha, na atualidade, a ênfase é posta sobretudo no plano político etc. Blocos sobre Lin Piao: palavras de mel, bandeira vermelha, duas caras etc.

Nanquim, Escola Normal Sup. Sexta-feira 19 de abril, 18h.

CADERNO 2

| Caderno 2 |

Sexta-feira
19 de abril   tarde   Escola Normal Sup.
NANQUIM   Continuação   91
                      noite   Espetáculo de crianças
                                Hotel   92

Sábado 20
de abril   manhã   Túmulo Sun Yat Sem   95
NANQUIM   Loja   97
                      tarde   Escola primária   97
                                Restaurante   104
                      noite   Cinema

Domingo
21 de abril   manhã   Comuna popular de Tungjin
NANQUIM   40 km de Nanquim   105

almoço	Comuna		109
	tarde	Comuna (continuação)	
		Magazine da Amizade	112
	noite	Partida de trem para	
		Luo Yang	113

Segunda-feira
22 de abril   manhã   De Nanquim a Luo Yang   114
LUO-YANG   tarde   Loyang. Peônias.   116
                        Túmulo dos Han

Terça-feira
23 de abril   manhã   Grutas de Long-Men   120
LOYANG   tarde   Fábrica de tratores   127
               almoço   na fábrica
               noite   Ópera local   135

Quarta-feira
24 de abril   manhã   Fábrica de   137
LOYANG-SIAN   tarde   máquinas-ferramenta
                          De trem de Loyang a Sian   144

Quinta-feira
25 de abril SIAN   manhã   Pagode   145
                           Museu pré-histórico   146
                   tarde   Pintores camponeses   150

Sexta-feira
26 de abril SIAN   manhã   Tecelagem   155
                   tarde   Fonte termal   161
                   noite   Balé *A moça de cabelos brancos* 165

*(Sexta-feira 19 de abril.
Nanquim. Escola Normal Sup. Continuação)*

18h. Lin Piao: Moderar-se? Para esconder-se. Esperar o momento propício. Arrivista, duas caras.
Lin Piao e a leitura de Mao: escolheu citações, frases para serem recitadas, em vez de estudar o conjunto do pensamento em sua profundidade e extensão marxista. Abrigava-se por trás de um pretenso realismo prático.
Portava a Bandeira Vermelha para se opor à Bandeira Vermelha. Queria solapar o estudo de Mao.
[O Artista: 69 anos: muito comovido quando partimos] Dedos amarelados, unhas compridas.

Chove.
Jantar.

[Ph. S. não conseguiu obter de Zhao um "documento", que era a lista pura e simples de todos os "blocos" úteis a um tradutor: o documento semiótico absoluto[1]]

Ao que parece, não têm carteiras de identidade. Provavelmente uma carteira de trabalho.

[Nada do incidente, da dobra, nada do *haiku*[2]. Nuance? Insípido? Nenhuma nuance?)

[Há oito dias, não vivo o desabrochar da escrita, o gozo da escrita. Seco, estéril]

20h. *Espetáculo de crianças num salão do hotel.*
Pequeno público de estrangeiros, japoneses, alguns chineses. No fundo, cortina, três plantas verdes em grandes potiches.

---

1. "No trem conflito entre Ph. S. e nosso guia Zhao, que pede a Ph. S. que verifique a tradução das palavras de ordem da atual campanha contra Confúcio e Lin Biao. Ph. S. o faz e diz a Zhao que quer copiar a lista. Zhao se opõe" (Marcelin Pleynet, *Journal de voyage en Chine*, op. cit., p. 50).
2. Roland Barthes liga estreitamente essas três noções desde *O império dos signos* (1970). O incidente do haiku é "o que cai, o que produz uma dobra e no entanto não é outra coisa" *(La Préparation du roman,* edição de Nathalie Léger, Seuil-IMEC, 2003, p. 94), ou ainda, diferentemente do acidente, é "simplesmente *o que cai* devagar, como uma folha, sobre o tapete da vida; é essa dobra leve, fugaz, trazida ao tecido dos dias; é o que *mal* pode ser notado" ("Pierre Loti, *Azyiadé*", 1971, *Nouveaux essais critiques*, OC IV, p. 109). Roland Barthes mencionará no artigo do *Le Monde* de 24 de maio a insipidez da China.

Projetores. Na lateral, pequenos acordeonistas, xilofone.

1. Meninas maquiadas, com lenço vermelho no pescoço, sorriso artificial. Bandeira Vermelha. Meninos maquiados. Boas-vindas.
2. Coro dos mesmos. Gestos estereotipados. Mãos com dedos afastados.

A apresentadora é mais alta, de saia verde.

3. Solo de flauta por um rapazinho de gravata vermelha (maquiado).
4. Flauta tocada por um mais novo.
5. Balezinho vermelho de moças com botas e túnicas, estilo russo. São pequenas vaqueiras com um balde. Chega um garoto de túnica azul. O pastor? Diálogo. Cantos.
6. Canção de uma menininha muito pequenininha, quase um bebê maquiado.
7. Balé de meninas. Jardineiras. Todas essas cores são ocidentalmente horríveis, vermelhos, verdes ácidos.

Dança vagamente mímica, tipo *Coppélia* ou *Giselle*.

8. Garotos de gola-marinheiro. Mímica de marujos.
9. Cena: elementos de cenário. Meninas. Escola. Aprendem pinyin. Estudar a Revolução. Têm bochechas vermelhas como nos cartazes de propaganda: saúde, entusiasmo, coragem etc.
10. Balé meninas, balaio nas costas. Dançam com o polegar muito para fora. Cena de ajuda mútua entre lavadeiras e um soldado. Solidariedade.
11. Grande orquestra. Instrumentos nacionais + dois violinos e um violoncelo, um acordeão.
12. Coro misto + dois escolares (?) um com uma bola, outro com um caderno.

13. Balé rosa de meninas em torno de uma corda com pompons. (Cf. jogo da corda dupla com os pés. Jardim da Cidade Proibida[3]).
14. Orquestra e grande tubofone como solista: menininha. Percute com decisão. Espécie de Alice castradora. Muito romeno.
15. Corpos de balé. Buquês vermelhos. Quadros vivos. Tema: todos os povos do mundo. Um garoto de *training* marrom e calçãozinho por cima decerto representa o negro. Há uma tonquinesa. Chegam os figurantes, pulguinhas cor-de-rosa, não fazem grande coisa e desaparecem. Cesto de flores final. Grupo de escultura realista soviética, em linha ascendente.
21h30. Saudação final de toda a trupe.

E o grupo de hóspedes do hotel volta pelos jardins debaixo de chuva; coitados, reduzidos nesta noite a um espetáculo de caridade que termina às 21h30!

Sábado 20 de abril de 74
(Nanquim)

De pé às seis e meia. Lá fora está nublado, escuro, garoando, chovendo. No entanto, um disco barulhento está berrando, lá fora. Minha janela de hotel: tela para mosquitos. Pinheiros, gramados, magnólias. Muro e inscrição em vermelho.
Atravessando o jardim às sete horas para ir ao refeitório. Chove muito forte.

---

3. Ver Caderno 1, p. 8.

Cartões-postais – inúmeros e um tempão, uma bagunça, uma sujeira para colar os selos.

Ainda *nenhuma* notícia da França há oito dias. País riscado, soprado do mapa, nadificado. Pergunto a Zhao: Nenhuma notícia da França? – Sim! Jobert denunciou o conluio das duas grandes etc.[4] Sinocentrismo.

De carro para o Mausoléu de Sun Yat Sen[5]; pelas avenidas (ainda não vimos ruas), florescem guarda-chuvas amarelos e ferrugem.
Nanquim: enorme número de parques, árvores, pequenos bancos de bambu.
Mausoléu, um tanto fora da cidade. Longa aleia de lajotas que sobe para o monumento de tons azuis, orlada de pinheiros. No fundo, colina verde-escura, encapuzada de nuvens.
Subimos devagar: amarelo, azul, verde. Alguns chineses de guarda-chuva. Sorriem.
Pinheiros. Enquanto os outros sobem até o alto, espero no patamar da primeira estela. Chove suavemente, tudo é suave, é silencioso, um pouco abafado. Pássaros. Grande escadaria de fundo azul e verde, com manchas amarelas.
A Moda dos guarda-chuvas amarelos. – É ridícula! – Se todo o mundo tivesse um (na França), a chuva seria menos triste.

---
4. Michel Jobert, Ministro do Exterior da França (1973-1974), denunciava o "condomínio americano-soviético" no mundo e opunha-se à ingerência dos Estados Unidos nos assuntos europeus.
5. Mausoléu do fundador da primeira República da China, proclamada em Nanquim em 1912.

Guarda-chuva amarelo com ponteira azul, haste de bambu.
Botinas de borracha.
Desço, sozinho. Vendinha. Compro cigarros populares e um docinho com geleia.

Parada no primeiro andar de um restaurante. Chá preto acidulado.
– Não, não é chá! É morango(?), – diz nosso guia.

Partida do Mausoléu. Viagem num parque, folhagem verde-clara. Visita ao prédio de um mosteiro. Chove.
Um pouco adiante, outra parada. Sala sem viga, vazia, de um mosteiro de monjas budistas. Em pleno bosque. Luz da folhagem. Abóbadas baixas. Solidão. Dois estudantes, no chão, copiam a paisagem de árvores com um pagode ao fundo. Chove (trabalham com quê? óleo? Sim. Vêm de Xangai, trabalham para si mesmos).

[Lembrar Antonioni: "Procedimento desprezível e intenção pérfida"][6]

Túmulo de Ming[7]. Passamos pela frente dele apressadamente. Um pouco adiante, ainda no bosque folhoso e chuvoso, aleia de estátuas maciças. O guia resiste a nos deixar parar: "Sem

---

6. Sobre a crítica a Antonioni, ver Caderno 1, p. 36, e nota 36.
7. Túmulo de Zhuy Yuanzhang (1328-1398), primeiro imperador da dinastia Ming (séculos XIV-XVII). Seus sucessores transferiram a capital para Pequim e foram enterrados no "vale dos treze túmulos" ao norte de Pequim.

interesse." Adjacente, em ângulo reto, aleia de estátuas de grandes animais (cavalos, leões, elefantes, dois a dois, frente a frente). Fico no carro, enquanto os outros saem, fotografam. Preguiça. Vontade de cidade, lojas, café.

[Não sei o que é – resisto a – olhar o que é dado a priori como *olhável* – o que não posso *surpreender*. Teoria da *surpresa* (cf. o incidente, o haiku)]

Banho de imersão na bruma, no cinzento, na água, na chuva, nas folhas, no verde, em tênues ruídos de pássaros. Felpa verde e ligeira.

No grande magazine popular: bolsas, boné: paletó? Não, o guia não é colaborativo. Cento e cinquenta pessoas nos seguem em cada balcão.
Farmácia chinesa. Mil gavetas antigas. Cheiro. Pequenas balanças.

Almoço: para a enxaqueca, tomo dez pequenas pílulas chinesas, com cheiro de cânfora.

Tarde.
Escola Primária.

Parece uma grande Escola Comunal.
Chegada. Crepitar de aplausos segue-nos de classe em classe.
Primeiro andar. Salão. Chá. Cigarros. Mesa. Bem pobre. Na lousa, *Boas-vindas* em vermelho. Flores em giz.

Uma representante dos alunos (bisca, megera).
Histórico. [Nos corredores, algazarra de enxame] 19 classes. 900 alunos. 36 professores + jardim de infância com 100 crianças. Cinco anos de estudos. Curso de política, língua, literatura chinesa, aritmética, canto, desenho + línguas estrangeiras e conhecimentos gerais.
Antes da Revolução Cultural, linha Liu Shao Shi, revisionista: inteligência em primeiro plano, desvinculação da prática. Formamos os continuadores da Causa revolucionária. Mas retorno à linha revisionista. Por isso, Campanha Pi-Lin-Pi-Kong. Em primeiro plano, o educativo ideológico. Ensinamos internacionalismo, luta de classes, amor ao partido, esforço nos estudos, disciplina. Ensinamos atividades de heróis, de modelos. Operários, soldados vêm dar cursos aos alunos, para aumentar a consciência política: sair da Escola (escola aberta), combinar teoria e prática, ensino e sociedade. Exemplo: aritmética: são convidados os contadores de uma equipe de produção; curso de faturamento: vão às lojas. Diretrizes de Mao de 7 de maio[8]: estudantes devem adquirir outros conhecimentos, simultaneamente aos estudos; por isso: pomar e oficina. Para a saúde, atividades ao ar livre, esporte, pingue-pongue, futebol. Exames, controles médicos. Manhã e noite: ginástica profilática dos olhos [ao meu lado, um jovem – professor? – único rapaz: amável e bonito]. Ainda deficiências por corrigir.

---

8. A diretriz de 7 de maio de 1966 incitava a criar no campo escolas que depois foram chamadas "de 7 de maio", onde dirigentes, estudantes e intelectuais das cidades deviam realizar tarefas manuais e submeter-se à reeducação ideológica. Estavam instaladas em antigas escolas do Partido, de fazendas do Estado ou de antigos campos de trabalho. A disciplina era muito dura.

Idade: de sete a doze anos. Antes de sete anos: ficam no jardim de infância. A maioria aprende a ler e a escrever aqui, no primeiro ano (mas alguns caracteres e números no jardim de infância). Quarenta dias férias verão + vinte dias férias inverno.

Visita. Uma classe quarto ano: aprendem a escrever a partir de modelos de caracteres. Muito aplicados. Pincel muito reto. De fato, nesse estágio, desenham minuciosa e lentamente.
Aula de aritmética, quarto ano. Um professor jovem. Duas crianças no quadro = somas de frações.
Aula língua terceiro ano. A professora no quadro; mostra caracteres (palavras) no quadro com uma varinha. Os garotos levantam o braço – e *não o dedo,* com a mão aberta, e se levantam para responder. No fundo da classe, cartazes morais, Poemas Pi Lin Pi Kong.
Todas as classes janelas abertas para o corredor: ornamento coletivo na classe de frente. Todas as classes misturadas. Que pandemônio!
Aula de inglês. Professor jovem. Esse será o cobiçado pela bisca representante. "This is not a desk." Vão escrever no quadro.
Aula de desenho. Modelo no quadro: um guarda vermelho com punho erguido e fechado[9]. Execrável! Mas eles copiam bem – melhor que eu!

---
9. Em grande parte estudantes e colegiais, os guardas vermelhos tornaram-se o emblema da Revolução Cultural que se apoiou em sua insurreição. Criando uma rebelião violenta em 1966 contra os dirigentes "refratários" ao pensamento maoísta, desmilitarizaram-se a partir do outono de 1967, depois foram postos no ostracismo um ano mais tarde e enviados em massa ao campo para reeducação.

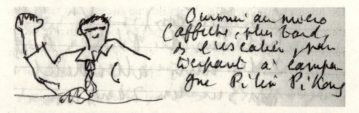

Em nenhum lugar conversam. Professores: simplicidade, não agressividade, não vulgaridade, autoridade silenciosa.

Lá fora: pequena oficina de crianças. Atarraxam peças de esferográficas. Três mesas, uns quinze por mesa. Têm dez anos. Um dia por mês. Muito silenciosos (talvez nossa passagem).
[Lá fora, chuva, lama, vento, frio]
Quando voltamos a passar diante das classes, é automático! aplaudem.
Uma classe brinca: espécie de passa-anel. Flores[10] que passam. Tambor que para. Adorável. Nenhuma histeria. Amáveis entre si.
Recreio. Cinco ou seis mesas de pingue-pongue. São feras (meninos pequenos). Um meninote convida Ph. S. a jogar. Os outros esperam comportados numa fileira.
Seguram a raquete ao contrário de nós.
Outras salas, outros jogos.
[Toda essa visita é agradável]

Creche. Inevitáveis balezinhos (o mesmo de ontem: nada burguês, nada de dengo, sem dominação das meninas bailarinas sobre meninos infantilizados).

---
10. Leitura por conjectura.

De novo a história da moeda perdida na rua.
Outra creche: massa de modelagem em torno de uma mesa.
Dois pixotinhos de cinco anos jogam pingue-pongue com maestria.
Outro Salão. Chá em mesa comprida.

Orquestra num canto.
Balé maquiado. Boas-vindas.
Pequenos guardas vermelhos. Danças Bandeira Vermelha. Mímicas e Pantomimas, provavelmente competições de corrida.
No canto, um coro de moças.
O pequeno cai. Os outros voltam. Ajuda mútua. Solidariedade.
[Frio dessa escola aberta para todas as correntes de ar]
Balé de pequenas milicianas: "Mirar o objeto": caricatura de Lin Piao num cartaz (sempre tratado, infelizmente, no estilo das caricaturas antissemitas).
[Meninas triunfantes, sorridentes, graciosas: matriarcado (depois, elas se apagam)].
E sempre a "linha" militante.

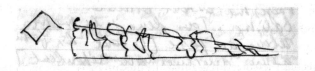

Canção com expressão: "Nós aprendemos a jogar pingue-pongue" (balé).
[Que pena, elas têm sorriso de aeromoça]

Uma ferida! Ajuda mútua, Solidariedade.
Laços vermelhos nos cabelos. "Amizade em primeiro lugar, competição em segundo".
Balezinho: aprender a latinização dos caracteres.
[É interminável, hiperconhecido e faz frio]
Todo o coro em bancos: Canção do Lenço Vermelho. É uma menininha que dirige o coro trepada numa cadeira. Matriarcado! Os garotos (segunda fila) estão um pouco para trás.
Chegada do restante da trupe, vestida de diferentes trajes do mundo: "Crianças do mundo, uni-vos".
= Cena final. As crianças desaparecem.

Os professores se juntam à mesa. Chá. Perguntas e respostas.
Todas as perguntas blocadas no início.
– Pilin-Pikong na Escola? Nós organizamos os alunos para estudar o editorial do *Cotidiano* e apreender a orientação[11]. Criticamos Lin Piao e Confúcio: Moderar-se e voltar aos ritos = para restaurar o escravagismo = para restaurar o capitalismo. Ambos: o mesmo: retorno ao passado. [São mulheres, estilo "diretoras", que respondem]. Organizamos reuniões, pedimos aos alunos que escrevam artigos, convidamos os camponeses velhos, para contarem suas lembranças da antiga sociedade. Operários-Camponeses-Soldados são convidados a vir aqui para criticar juntos.
Crianças: participam a partir do quarto e quinto ano. Tomamos a fórmula Desenhos e Canções para Pilin-Pikong. A menina representante dos alunos intervém (lenço vermelho no pes-

---
11. *O cotidiano do povo* é o jornal oficial da República Popular da China.

coço): em nossa escola há fatos de "contracorrente"[12]; exemplo: numa classe, dois alunos em conflito; um professor resolve o problema, mas diz que um é melhor, favorece-o; mas os guardas da classe se opõem, ajudam o professor a corrigir seu erro; as crianças tornam-se amigas. – Qual era o conflito? – Era fora da classe, no futebol. – Justamente o professor está ali! É um jovem, agradável, de azul, que nos serviu chá. – O professor está contente e alegre por corrigir seus erros.

[Ai, a corrente de ar nas caixas de escada e nos corredores da escola! – Tempo sinistro] [Estou congelado]

[Alguns – algumas – a professora de certa idade falando neste momento – têm rostos, olhos incrivelmente radiantes, outros rostos finos, sonhadores*] [Frequentemente dentes belíssimos]

[As preleções continuam, Escola, Família, Sociedade etc., mas eu desligo]

Três critérios: intelectual: exame, político, físico.

[Todos os indagados, é constante, respondem com muita aplicação, não omitem nenhuma pergunta, mas está claro que morrem de medo. É uma provação para eles]

Para terminar, demonstração pela menina da ginástica dos olhos – para tranquilizar? Não, para prevenir a miopia – sobre pontos meridianos – e ao mesmo tempo relaxa-se (na classe, cinco minutos por dia).

....
12. "Ir na contracorrente" era o novo slogan político do verão de 1973, que acompanhou a campanha incipiente contra Confúcio e Lin Piao. Simon Leys relata fatos semelhantes: a revolta de um estudante contra um sistema de exame que desprezava as conquistas da revolução cultural, *Images brisées*, in *Essais sur la Chine,* Paris, Laffont, "Bouquins", 1998, p. 517.
* covinhas

Presente da menina: uma caneta (as da oficina) e uma caligrafia (a mesma: "estudar bastante para progredir a cada dia") e um desenho.

Partida.

(Lamento despedir-me dos dois muito bonitos. Mãos suaves e tépidas).

No restaurante (pedido incessante finalmente atendido!): bem popular embaixo, mas logo nos carregam para cima, para um salão de cadeiras azuis.

Jantar: *hors d'oeuvre* com desenho de peixe colorido vermelho e azul, fininho.

Diversas bebidas alcoólicas, cerveja.

Camarões quentes picados com um pouco de hortaliças.

Prato de Sichuan. Carne. Pimenta. Pinhões. Maravilhoso. Muito picante!

Frango *sauté*, broto de bambu.

Bolinhos fritos de fígado de pato. [Tudo delicioso].

Grande peixe no molho, empanado e pinhões.

Tudo presidido pelo *chef* Luxingshe, Wan, epicurista e *bon vivant*, que, como está claro, adora comer.

Croquetes de alguma coisa.

Sopa desenhada em cima. Não, é um cozido de ovos e verduras tipo acelga.

Servem arroz no fim. – "Porque não cai bem com o álcool".

Pão macio, branco. Sopa. Guardanapos.

Euforia (finalmente).

Vamos ao Cinema. *A Montanha dos Pinheiros Verdes*. Ação: 1962. Dificuldades passageiras. No campo, Liu Shao Shi incentivou a corrente "Parcelas individuais. Mercado livre (kulaks?), aplaudidos por um punhado de camponeses ricos, direitistas etc. que lutavam pela restauração do capitalismo etc." (Segue-se a narrativa política do filme por nosso guia Jao. Está claro: o Bom/ o Malvado).
História de Chicote, símbolo do Poder. (Jao lê uma tradução). Filme de 1974. É assinado pelo diretor? A partir de um romance.

Cinema. Granizo. Balcão, primeira fileira. Muito grande. Povaréu. Granizo.
Atualidades: longa sequência Mao Boumediene[13]. Impressionante.
Filme *sui generis*.

Domingo 21 de abril
(Nanquim)

Nublado, não quente.
Partimos para a Comuna Popular (1h20 de carro*, região montanhosa). Um pouco de sol, fraco.
Não, não é montanhoso. Campo plano, bonito, muito cultivado, muito verde. Búfalos, flores malva para fecundar a terra (adubo), colza. Muito povoado.

....
13. O presidente argelino Houari Boumediene fora à China em fevereiro de 1974.
   * a 40 km de Nanquim.

Chegada ao largo da Comuna. Recepção. Sala. Mesa. Garrafas térmicas. Chá, cigarros, guardanapos. Apresentações.
Preleção do cara de boné. Boas-vindas à Comuna Tung Jin.
[O chá é menos ruim que nos outros lugares]
Exposição: Comuna a jusante do Yang Tse. Principalmente colinas. 15 brigadas de produção + um subúrbio. 199 equipes de produção (14 para silvicultura, 2 para plantação de hortaliças, restante cereais: arroz, trigo). 30.000 homens.
Antes da Libertação, terras desertas; condições naturais ruins: inundações e secas. Rendimento limitado. Vida muito miserável.
[Na estrada, sempre cheia de gente, não há automóveis, mas numerosos caminhões. Muito serviço de carreto, bambu em equilíbrio nos ombros]
Depois da Libertação, grandes massas engajadas na via organizacional e coletiva. 1950: Reforma agrária. Grupos de ajuda mútua. Cooperativas. 1958: Comuna Popular. Forças produtivas libertas, nível de vida do Povo elevado.
[La fora, chega um sol fraco]
Revolução Cultural: camponeses pobres, espírito de entusiasmo, mobilizados, movimento de massa, tomar como exemplo brigada de produção de Tatchai. Como? a) espírito de Tatchai, lutar contra céu e terra, b) contar com nossas próprias forças, trabalhar duro, c) organizar a irrigação, a floresta, os campos[14].

---
14. Na década de 1960 e de novo por volta de 1970, a brigada de Tatchai (Dazhai em Shanxi) era dada como exemplo da luta contra o individualismo camponês. Chen Yonggui, secretário do Partido naquela unidade, era uma personalidade célebre. Modelo de renúncia à propriedade privada da terra, de distribuição de pontos-trabalho em função da atitude política e de autossuficiência ("contar com as próprias forças"), a brigada

[Tudo isso ainda vago e banal]. Mudamos a fisionomia da Natureza: afundamos 8 rios, construímos 200 li de canais (1 li = 112 km), 70 estações de irrigação e drenagem; nas colinas 11 reservatórios (águas pluviais). Obras hidráulicas durante vários anos: 6 milhões de estéreos de terra. Mudamos a fisionomia natural; o rendimento estabilizou-se. Criamos arrozais, campos cultiváveis. Boa colheita durante doze anos consecutivos. 1973, cereais: 46.800.000 libras; aumento de 5 vezes e ½ em relação a antes da Libertação; e em relação a antes da Revolução Cultural: 55 %.

[No largo – casas baixas de alvenaria – belíssima árvore verde-clara, tipo árvore da Liberdade]

Contribuição maior ao Estado: 1973, contribuição em grãos: 20.690.000 libras – Reserva: 11.600.000 libras. Além de tudo isso: fábrica de conserto de ferramentas agrícolas, usina de tratamento de grãos, fábrica para cortar pedras, fazer tijolos. Estação de bombeamento elétrico. Lagos para peixes.

Tudo isso aplicando o princípio: contando com nossas próprias forças.

Hoje: 122 tratores diversos, 522 máquinas para descascar arroz, 374 geradores, 112 motores, 3 caminhões.

[Tudo isso tem um jeito de brincadeira infantil, muito fourierista]

Tudo mecanizado ou semimecanizado.

---

teria empreendido obras públicas de irrigação e de melhoria do solo sem recorrer à ajuda do Estado. Revelações ulteriores destacaram o caráter mítico da experiência de Dazhai, que teria recebido recursos do Estado e ajuda do exército.

Educação e Saúde. Desenvolvimento depois da Revolução Cultural.

Educação: desde a Revolução Cultural, 28 escolas primárias, 4 secundárias = 5.600 estudantes, 194 professores. Todas as crianças escolarizadas, salvo exceção.

Saúde: sistema sanitário coletivo. Hospital ←—→ centros sanitários (médicos descalços).

[Nunca nada sobre o funcionamento salarial, propriamente social, proprietário]

Hoje: vida dos camponeses melhora dia a dia. Região bastante afastada, no entanto 90 %: eletricidade (alguns rádios e alto-falantes na casa de cada um).

Todos esses resultados devidos à linha vitoriosa revolucionária do Presidente Mao, ao modelo de Tatchai.

Ainda há deficiências: no ritmo de produção, na mecanização, na moradia. Mas com o princípio de Mao (contar com as próprias forças), seremos vitoriosos. Ponto final.

Anúncio do Programa da visita.

11h. Saímos para o passeio. Tempo bom.

Oficinas para conserto de máquinas. Uns quinze operários.

Operários com protetor de braço e gorro. Rapaz com cabelo de vassoura de teto. Banco no pátio.

Oficina de processamento de cereais. Macarrão chegando sobre bambuzinhos.

Acabamento de farinha. Grande máquina que vibra a propósito.

Processamento do arroz: descasque: de amarelo a branco.
Reservatórios de cereais (arroz):

Hospital da Comuna (espécie de dispensário horrível).
Pequena exposição de plantas chinesas, em pequenos pires, raízes, grãos, cogumelos secos, tubérculos etc.
Um soldadinho muito sorridente segura pela mão um bebê inflado pela bata.
Lojas para objetos técnicos.
Cabeleireiro. Livraria. Compro um cartaz: "Exército e povo, a mesma família" (soldado entrando em casa de camponeses).
Giro lojas (comprinhas).
Tempo bom.
Pausa na primeira sala: toalhas quentes (enormes, rurais).

Almoço rural. Salinha nua. Duas mesas redondas de madeira encerada. Cerca de oito potes. Cerveja. Macarrão, arroz (no fim). Frango (cozido, inteiro), peixe molho escuro. Croquete ovo-peixe (tipo *quenelle*) etc. É bom, mas rural (o frango está duro).
Descanso na sala. Chá.
Visita a uma casa. Limpa. Copos tirados de uma caixa de papelão. Chá.
Cartazes e histórias em quadrinhos na parede + Mao.

A casa, no meio dos arrozais. Antepassado de paletó antigo. Cão. Uma máquina de costura.

História da família contada pelo pai. Topos: o passado.

A casa lhe pertence, mas construída pela equipe de construção da Comuna (espécie de imposto de 12 yuans à Comuna quando a construção termina). Agora, casas construídas em fila ao longo da estrada. Há uma planta. A casa custou 900 yuans. Possível tomar empréstimos à brigada ou à equipe de produção – não à Comuna. Queria também: relógio de parede, relógios de pulso, roupas e dois cômodos a mais.

Trabalho? Há normas. O trabalho de cada equipe gira.

O que a filha quer fazer na vida? – Ela gostaria de trabalhar a vida toda no campo, mas é o Estado que decide.

[No aposento, um pequeno amplificador na parede]

[Em suma, em todo lugar, sempre, são anjos! Para se distrair, ela estuda etc.]

Volta à sala. [Horrivelmente cansado, saturado. Sono]

Chegada de dois jovens, um rapaz e uma moça (médico descalço) + um terceiro (professor). Tudo isso para a Discussão(!). Estou exausto.

Perguntas (todas formuladas antes).

[O rapaz, jovem, de óculos de cristal amarelado, mãos muito finas]

Respostas:

Bloco: conhecer a linha do Partido, fazer os Camponeses conhecê-la etc.

[Apesar das palavras "luta", "esforço" etc. que angelismo*!]
[Perco pé, cansado demais. Isto me parece totalmente banal]
Linha revisionista Liu Shao Shi: o *sanziyibao* (extensão das parcelas individuais etc.) [Espécie de NEP]: retorno ao capitalismo[15]. Oposição dos camponeses.
Depois, linha revisionista de Lin Piao: caluniou nosso progresso.
[Sempre queremos fazê-los dar exemplos *concretos* de linhas em sua comuna, sua experiência etc. Mas eles sempre se esquivam; fica tudo na generalidade, ou pelo menos fica em temas válidos para todas as comunas etc. Não conseguem dar o concreto das oposições de linhas; com razão! A "linha" é uma entidade puramente verbal, um complexo abstrato de temas – ao lado dos quais, por certo, imutável, a vida deles continua!...]
Exemplo: como Lin Piao minava a produção: todos os dias, pela manhã e à noite, era preciso receber instruções em grupo "para ser fiel a Mao", diante do retrato dele, com isso se perdia tempo. Salários, a cada um segundo sua capacidade, a cada um segundo seu trabalho. Cada dia, a cada um *pontos* de trabalho segundo o trabalho: no fim do ano, distribuição. Uma equipe de produção: varia muito. A maior 200 a 300 pessoas. Média: 150 pessoas.

....
* ou melhor: idilismo.
15. Depois da carestia dos anos 1959-1961, em fevereiro de 1962 Liu Shao Shi impôs o *sanziyibao* ("três liberdades e uma garantia"), que dava início à descoletivização: distribuição das terras coletivas entre as famílias camponesas, que se comprometiam a fornecer ao Estado uma parte de sua produção a preço baixo e ficavam livres para dispor do restante. Isso lembra efetivamente a NEP (Nova Política Econômica), liberalização econômica adotada na Rússia por Lênin em 1921, em razão da situação resultante da guerra e da guerra civil.

Uma brigada: 3.000 pessoas ou 1.000 pessoas, isso varia.
Pontos de trabalho: segundo a qualidade e a quantidade (normas). Há um comitê de produção que fixa as normas.
[A coisa se arrasta. Ninguém tem grande entusiasmo]
Lin Piao editara o princípio das três Fidelidades: a Mao, a seu pensamento, a sua linha → Culto manhã e noite a esse princípio, com relatório (ou seja, exame de consciência). Cf. acima[16].

Saímos da Comuna às 15h. O tempo está bonito. Muita gente nas estradas e nas ruas de Nanquim: lojas supercheias. É Domingo.

No Magazine da Amizade. Mais feio ainda que em outros lugares – e vazio (é um primeiro andar) ao passo que embaixo, agitação gostosa. Nada que comprar.

17h. Volta ao hotel. Morto, dormindo.

[Os *dazibao,* aliás numerados, são discutidos anteriormente na célula. Só houve livros na Revolução Cultural]

[Um dos sentidos possíveis da campanha Pilin Pikong: destruir o culto à personalidade]

[O responsável pela Comuna, bastante preocupante; jeito de verdadeiro chefe, patrão – e provavelmente o poder]

---
16. Lin Piao é acusado de organizar o culto a Mao para separá-lo das massas.

[Matriarcado enorme. Presença, importância da Mãe. As moças *mostradas* (≠ Magreb). Os meninos esmagados]

[Nenhum vestígio de folclore – nas danças, nas casas: não há bordados etc.]
[Ausência profunda de religião]

[Fábricas: Proletariado núcleo forte. Força dirigente. Problemas apaixonantes.

Camponeses. Chatos. Escolas: ilhas de observância cega. Professores: culpabilizados.
Em suma, grade de impressões em conformidade com o esquema ortodoxo]

[Esperando o trem noturno para Luo-Yang (à meia-noite), reunião e discussão no quarto de Pleynet, uísque, café, charuto e Haydn-Haendel]
Meio indisposto. Ligeiro enjoo. É meia-noite. Vamos sair do hotel deserto.

Estação de Nanquim. Muito moderna. Nosso micro-ônibus entra diretamente na plataforma por um portal que nos é aberto. Plataforma deserta.

Segunda-feira 22 de abril
(de Nanquim a Luo Yang)

Boa noite no vagão-leito. Apesar de continuar enjoado. É confortável, estamos sozinhos. Travesseiros de arroz.
Despertar: Terra plana, bruma leve de sol, terra seca bege-rosa, campos verde-pálidos. Linhas de árvores. Entramos em Henan.

[Sonho ruim: Patrice e Roland não davam nenhuma atenção ao meu retorno. Só Évelyne era compassiva...]

Paisagem: muito francesa (Beauce), mas as cores são muito, muito pálidas. E sempre aquela incrível ausência de estranhamento.

Desjejum no vagão-restaurante. Hesitamos em decidir se é chá ou café.

Maus-cheiros frequentes. Esterco, repolho etc.
Singularidade dessa maternagem total da Agência.
Pequenas estações muito ocidentais, pobres e sossegadas. Na plataforma, passam voltando da compra de uma torta-bolinha antes de subirem de novo no trem.
Um país sem inesperados.
A paisagem não é culturalizada (a não ser a própria cultura da terra): nada que diga a história.

Estamos realmente trancafiados neste vagão especial (azul, rendas e garrafas térmicas): sem direito de ir tomar uma cerveja no vagão-restaurante que é ao lado e está vazio, eles a trazem até nós; e é preciso pedir para abrir a privada toda vez que a gente quer mijar.

A paisagem é cada vez mais seca.

País sem graça.

Excelente almoço no vagão-restaurante. Preparações de diversas cores: um vermelho-escuro (peixe tomate), um preto-verde-claro (cogumelo), um branco-verde (ervilhas e uma hortaliça misteriosa etc.

Frase de Zhao, quando manifestamos algum desejo: "Vamos ver" (em tom guerreiro, como se a questão fosse apenas de ajeitar a coisa – e não de decidi-la). Mas o que se realiza com toda a certeza são os desejos ínfimos, os gostos: as crianças da Escola me darem uma página de escrita, eu comer um prato apimentado em Luo Yang, ter peônias em meu quarto etc.

Mao adora pimenta vermelha; salpica seus pratos com ela.

Uma possibilidade de *texto* sobre a China seria *varrer,* do mais sério, do mais estruturado (o político candente) até o mais tênue, o mais fútil (pimenta, peônias).

Por volta de 14h. Amplo vale com banquisas de argila seca, muito claro com buracos de trogloditas. No fundo, tapete de

trigo verde-pálido, pequenos pomares com plantas delicadas, árvores com flores malvas, meio lilás, meio glicínia.
Cansado demais para marcar a sequência belíssima da paisagem com árvores delicadas.
Luo Yang: 15h.

Luo Yang

Tempo lindo, quente, um pouco tempestuoso. Três indígenas mudos na plataforma. Micro-ônibus na plataforma. No hotel. Pequeno salão. Boas-vindas. Programa.
Hotel esquisito; cada quarto tem um salão, mas o chuveiro é vetusto, cheiro de granizo, Marrocos, pedra. "Queremos visitar o Templo do cavalo branco" – Justamente, está em reforma![17] F. W. fica furioso. Chuveiro.

Exposição de Peônias, flor do lugar[18]. Uma grande rotatória. Todo o mundo ao redor nos olha.
As Peônias violetas não são interessantes, mas as rosa-claras e as brancas são maravilhosas (tudo meio extenuado no ar tempestuoso das cinco horas).
Giro pelo Parque. As pessoas são gentis, sorridentes. Passamos por uma pontezinha pênsil.

---
17. Fundado por volta de 68 d.C., esse mosteiro é o primeiro templo budista da China. Incendiado durante a Revolução Cultural, só foi reaberto na década de 1980.
18. A peônia é emblema de Luoyang, que foi capital de várias dinastias na antiga China.

| *Cadernos da viagem à China* |

No fundo do Parque de Peônias, túmulos dos Han do Oeste (2000 anos). Uma mocinha faz os elogios.

Abafado. Esperei os outros do lado de fora, diante do túmulo, assim como mais cento e cinquenta pessoas. O tempo está lindo. Peônias.

Ai! Segundo túmulo Han! Este: Han do Leste. Desço, em todo caso, está mais fresco. – 1900 anos. Apesar de não ser realmente afetada, a moça tem dicção preciosista.
Garoto (e a mãe)

Cidade, luz muito tranquila.

Excelente comida no hotel.
Jantar: Zhao come à parte, separado de nós por um biombo e dialoga conosco de costas.
Primeiras notícias do mundo: Julia captou notícias americanas em russo.
Diante do refeitório, onde estamos sozinhos, um grande jardim de peônias, o tanque, a piscina. Três jovens treinam basquete e

nos sorriem. Damos uma volta, saímos para avenida e somos atraídos por uma grande tela ao ar livre num espaço entre HBM modernas[19]. Passam (é noite) um filme aparentemente romeno. Duas moças nos oferecem seus assentos. O clima é ameno, como em noites de junho, muita gente, descontraído. Primeira cidade que não cheira a artifício. Na volta, passamos por um grupo de rapazes das ruas, sentados em cadeirinhas na avenida e jogando cartas; sorriem para nós.
Um pouco de aguardente de arroz entre nós num quarto. Mas estou extenuado e vou para a cama às 9h.

Terça-feira 23 de abril
(Luo Yang)

Dormi bem (cama excelente e travesseiro pequeno) das nove horas às cinco horas. No entanto, forte enxaqueca – mais uma. Lá fora, tempo bem nublado, mas não triste. Concerto de buzinas e de alto-falantes de rua às seis horas.
[Um dos grandes fatos desta viagem terá sido: minhas enxaquecas quase diárias e fortes: cansaço, falta da sesta, alimentação ou mais sutilmente: desorganização de hábitos, ou ainda: resistências mais graves: *revulsões*?]
Sete horas da manhã, lavado e vestido, já – ou ainda – estou extenuado.

---
19. Sigla francesa que significa Habitations à Bon Marché [Moradias baratas], ancestral das HLM [Moradia de locação controlada]; as HBM foram desenvolvidas nos anos 1920-1930 em Paris e periferia, principalmente.

Desjejum: bolos, crepes!

8h. Partimos de micro-ônibus para as grutas de Long Men[20]: o sol nasce. O tempo está ótimo, leve, saudável, tranquilo.

Uma mulher da Agência, que fala francês, junta-se a nós: portanto, são quatro.

A primeira coisa que cabe dizer da China é que há muitos plátanos. Francesia.

No caminho, na cidade: grupo de moças na rua. Ginástica sueca em coro (É a dos jovens). Os velhos fazem ginástica chinesa, mais lenta, mais flexível, mais misteriosa: ginástica individual, oposta à ginástica coletiva.

[Provérbios inevitáveis de Zhao: ginástica chinesa: para o corpo e o espírito. Eu preferiria: *mens fada in corpore salop*]

Ch.: Não é desse tipo de corpo que gosto: muito rude e muito histérico (sua elocução francesa, cheia de idiomatismos preciosistas, é histérica).

[Fazer uma lista dos X Estereótipos (blocos) que coligi]

Estradas sempre lotadas, bem longe nos campos, ciclistas, carroças, pedestres, caminhões. Veículo dirigido aos trancos, exaustivo. Predominância de hortaliças nos objetos transportados.

---

20. Um dos principais sítios de estatuária rupestre budista da China: iniciado no fim do século V durante a dinastia Wei do Norte (386-534), continuou por cerca de quatrocentos anos até a dinastia Song do Norte (960-1127). A maioria das obras data da era Wei do Norte e da dinastia Tang (618-907).

Grutas de Long Men

Entramos numa bifurcação da estrada e descemos às margens do rio Yi-He, alargado, luminoso.
Às margens do Yi-He, parada, casa de recepção. Salão, chá, cigarros. Cortinas azuis transparentes. Breve exposição sobre as grutas de Long Men. Um jovem faz a preleção. Números históricos, quantidade de grutas, de estátuas etc.
Numerosas caligrafias. [Perfume oriental]
"Todas essas obras [budistas] representam o talento e a sabedoria dos trabalhadores". Ensinamentos muito importantes. Roubo dos imperialistas americanos (Museus de Nova York e Kansas): crimes. [São três jovenzinhos que participam da apresentação]
90% das estátuas sem membros e sem cabeça.
Depois da Libertação, grutas seriamente protegidas [bloco: advérbio "seriamente"]. Agência de Proteção e ação direta do Conselho dos Assuntos Estatais. Orçamento para reparos. Essas artes: a serviço do Povo. Esse é a exposição geral.

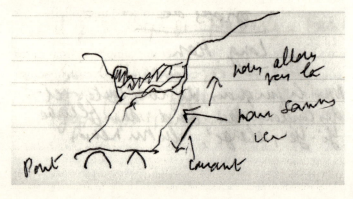

| *Cadernos da viagem à China* |

Tempo bonito, muita gente na margem.
Andamos pela margem, sempre copiosamente acompanhados.

Forrada de budas incrustados na parede como papel decorado.
Escada, acima da primeira gruta.
Segunda gruta. Grande Buda no fundo e também muros incrustados com cem mil pequenos budas. (Grutas pouco profundas: melhor, nichos).
[Intromissão do "bloco" na descontração fútil da conversa comum: Zhao "Pena que os imperialistas americanos tenham roubado essas pedras" (é um epíteto de natureza[21])]
[São facilmente espinhentos – e gentis]
Rochedo crivado de pequenos nichos, de todas as alturas

---

21. A expressão "imperialismo americano" (com um epíteto obrigatório, na tradição dos epítetos homéricos) remete à análise retórica que Roland Barthes fez da fraseologia maoísta.

[Se fico para trás (e é frequente) fica sempre um comigo]
Terceira gruta. Na minha opinião, estátua bonita e grande no fundo, muito majestosa. Figura derreada (como a da boneca de esquizofrênico).

[E, com tudo isso, não terei visto o pipiu de um único chinês. Ora, o que se conhece de um povo, se não se conhece seu sexo?]

Que calma (pois muitas vezes espero os outros do lado de fora, por ser incapaz de olhar por muito tempo um objeto de arte)! Sol um pouco encoberto, suavidade. Pessoas zanzando pela margem luminosa. Numa ponta de areia ao longe, no enquadramento do horizonte, rapazes; um avança para a água, calças arregaçadas.

[Caso raro de pequena repressão policial; um dos funcionários da agência (tira, já pelo uniforme) manda descer da bicicleta, ao que parece com certa raiva, os gentis e bonachões ciclistas que ingenuamente dividem o pequeno grupo de turistas sagrados que somos nós]

Subida de uma escadaria no rochedo, seguidos por cinquenta pessoas. No alto, grande terraço, bem arrumado, muita gente já ali.
Verdadeiro anfiteatro com sete ou oito grandes estátuas, grande Buda no centro.
Estátuas: figuras absolutamente chinesas.

Tudo muito restaurado – depois da Libertação (é o resto de um Templo).
[O guia insiste em me dar explicações. Seu hálito tem o cheiro da comida]
Quando a gente quer passar, eles se afastam muito.
Fotografam muito. Quando tiverem aparelhos vai ser terrível, como os japoneses. Relação com a imagem?

Picas flutuantes por trás das roupas flutuantes (de operários).
De onde vem toda essa gente, nesse sítio puramente turístico? Não há aldeia, nada ao lado. E eles estão aí como turistas de nós, não do sítio nem das estátuas.
Outra escadaria. Gruta no meio: a mais antiga. Placas caligráficas incrustadas na parede, no teto. Naquela estátua (do fundo), muito deteriorada, algumas cores ferrugem muito pálido, azul apagado.
A escadaria sobe bastante. Bem embaixo, na estrada à margem, eles esperam. O horizonte, deste cotovelo, é muito extenso: praticamente já não há vale. Está mais nublado, mas há uma brisa suave. Uma barca vazia sobre o rio bem estreito, pobre, assoreado. Ao longe, um grupo cerrado de trabalhadores dos campos (sempre em grupos compactos. Comunas Populares).
Cheiro terrível de urina.
Estou adiantado, na plataforma superior, sozinho com uma mocinha, bonita e simples, de tranças e sapatos baixos com tira sobre meias brancas.
Embaixo, dois carregadores de cestos lavam os pés na valeta de cimento que corre ao longo da estrada.
[Ph. S. também procede por *campanhas* – e é cansativo: periodicamente, ele bate sempre na mesma tecla, com variações de exemplos de provas, piadas etc.: atualmente é: Lacan como agente de religião, idealista etc.]
Os outros não vêm. Subi à toa, mas a vista, se não a gruta, com estátua muito deteriorada, era bonita.
Pequena gruta: na parede prescrições contra a loucura (= "a palavra desordenada dos demônios").

Tempo nublado-tempestuoso.
Voltamos. Muito velho de cavanhaque, bengala e boné.

[Lembrando o incidente de ontem à noite, a descoberta inesperada do cinema ao ar livre, tão cheio de coisas descabidas (o filme romeno, as cadeiras trazidas, a suavidade do escuro): isso provaria que é a presença contínua, acobertadora dos funcionários da Agência que bloqueia, proíbe, censura, anula a possibilidade de Surpresa, Incidente, Haiku[22]]

10h45. Volta à Casa de Recepção. Os outros compram caligrafias (cópias das grutas); mas são caras demais: 300 yuans por uma série, indecomponível; pois é "para estudar caligrafia".
Discussão a propósito do preço, pois ficamos espantados. Mas não é um quadro, é um patrimônio para estudo, e é muito difícil fazer cópias (montagem de andaimes etc.). Os caras ficam furiosos com nosso espanto.
Na China, há uma Associação do Budismo: estudar religião budista (mas Especialistas).
Continuação da discussão com o responsável. Durante a Revolução Cultural, podia-se visitar. Nada de manifestações ultraesquerdistas.
Serve de lição às crianças: como os imperialistas roubaram etc. ...

---

22. Ver nota 2, p. 92 e Simon Leys: "Nessas viagens, sempre impecavelmente organizadas, tudo o que possa ser da esfera do imprevisto, acidental, improvisado ou espontâneo é rigorosamente excluído. Os intervalos também: o programa dos visitantes em geral é montado de tal maneira que os mantém azafamados desde o raiar do dia até adiantada hora da noite". *(Ombres chinoises*, in *Essais sur la Chine*, ed. cit. p. 236).

Do outro lado do rio: Outras grutas. Enxergamos muito bem aquelas das quais viemos; a grande, em anfiteatro, é soberba. O resto parece pombal.
Boa estrada. Subo um pouco, deixando para trás as grutas. Placa em russo e inglês: proibido aos estrangeiros ultrapassar aqueles limites.
Caminhões militares passam com frequência. Essa deve ser a explicação.
Enormes chiados de carroças que eram ouvidos do outro lado (Mulos, cavalos pequenos, asnos).

[Incidente chocante das caligrafias caras demais: por certo, o budismo pode ser estudado, mas não difundido. Talvez também cheio de fórmulas confucianas]

Volta de micro-ônibus sacolejante: por iniciativa (cansativa) de Ph. S., inevitáveis cantos revolucionários (principalmente a Internacional) no micro-ônibus. E cruzamos com um cortejo de Bandeira Vermelha.
A mulher guia: ganha 56 yuans por mês, o marido é técnico, a mesma coisa; são dirigentes; para o jardim de infância da filha: 10 yuans por mês.
Operários: oito categorias de salários, de 40 a 100 yuans por mês (aprendiz a prático). Média: 60 yuans por mês.
A moradia leva?[23]

---
23. O ponto de interrogação substitui "40%", riscado.

Almoço: olha só, fritas!
Mais uma discussão em que Ph. S., secundado por Pl., quer de qualquer jeito denunciar o budismo como religião, idealismo, poder político etc. Voltairianismo. Mas o problema, o único, é o Poder. Ora, todo sistema se compromete com ele – inclusive este.

Tarde *Fábrica de tratores*

[No caminho: habilidade de nosso motorista que desvia de modo incrível de um jovem ciclista]

Recepção na Fábrica: uma dezena de pessoas, jovens operários: um personagem principal de rosto fino e uniforme escuro de funcionário.
Grande Salão, sofás, chá, quatro retratos, pintura de um pinheiro no estilo antigo.
Boas-vindas muito retóricas. Exposição do diretor adjunto dos assuntos administrativos (jovem).
Esta fábrica: Fábrica dos Tratores "O Oriente é Vermelho".
1955, terminada em 1959. 1.450.000 m², 23.000 operários dos quais 6.700 mulheres.
[É mais abastado, mais importante, mais evoluído: mais sério]
Construída com o apoio da URSS na época de Stálin. Mas 1957, Khrushchev ia contra o marxismo-leninismo e o internacionalismo proletário. A URSS rasgou os contratos, chamou de volta os técnicos, interrompeu os fornecimentos, para esmagar

no nascedouro a indústria de tratores da China. Técnicos chamados de volta em uma noite.

[Na minha frente dois operariozinhos jovens, encantadores, prestam muita atenção] [O chá é bom, dourado]

Muitas dificuldades, perdas.

[São quinze da fábrica no salão, ouvindo o camarada e participando do sorriso]

Exemplos de perdas causadas pela defecção soviética. Continuação do processo da URSS (excepcionalmente longo e detalhado).

[Distinção nítida entre Stálin e Khrushchev: é a URSS que rompeu com eles que ele condena, não a stalinista. Khrushchev introduziu e "criou" o revisionismo e o imperialismo[24]]

A URSS também aumentou seus preços, impingiu peças usadas como peças novas. Tudo isso ocorreu em 1959-1960-1961, principalmente quando Khrushchev subiu ao poder.

Além do mais: linha revisionista de Liu Shao Shi: vantagens do comando, estímulos materiais. Com isso, conseguimos produzir tratores de um único tipo.

Revolução Cultural Proletária à luz da linha revolucionária do Presidente Mao: independência da economia e contar com

---

24. Tornando-se primeiro secretário do Partido em 1953, depois da morte de Stálin, Nikita Khrushchev lança a desestalinização em fevereiro de 1956, no XX Congresso do PCUS, no qual denuncia Stálin e o culto à personalidade. Reticentes em relação à desestalinização, os chineses discordaram cada vez mais da política da URSS – o nacionalismo chinês entrava em choque com a intenção soviética de dirigir o campo socialista. A direção chinesa parece ter considerado determinante nessas dissensões o papel pessoal de Khrushchev. A ruptura está consumada em julho de 1960 com a chamada precipitada dos técnicos soviéticos e a suspensão dos acordos de cooperação científica e técnica em andamento, para exercer pressão sobre a política da China.

as próprias forças; extirpamos as influências soviéticas e Liu Shao Shi.

Organizamos a tríplice União (?) operários qualificados...[25] Série de reformas da produção, da técnica e do equipamento.

Agora, fabricamos quatro tipos de tratores: 75 CV + tratores de esteira + buldôzers de 60 CV + geradores 50.000 kw. – E sobretudo GRCP: um trator de 40 CV com pneus que atende melhor as necessidades de nossas plantações. Atualmente, 21.500 tratores por ano.

Fábrica dirigida pelo Partido. Apenas dois escalões:
Comitê Revolucionário da Fábrica em geral +
Comitê Revolucionário Sucursais (17) (= Oficinas).
Hospital da Fábrica, 350 leitos. Jardim de infância. Creche. Cinco escolas primárias. Duas escolas secundárias. Biblioteca. Quadra esportiva iluminada. Piscina.
[Todos esses "operários" têm mãos finas e limpas]

Visita:
[Como em todos os lugares os banheiros são divididos em Gentleman/Ladies]
É uma cidade.
Enorme galpão. Martelos. Fornalhas. Calor. Vulcaniano. Golpes assustadores, barras incandescentes marteladas. Belos Operários. Eles param e se aglomeram para nos ver passar. [Tento ficar perto do mais bonito, mas para quê?]
Outro galpão. Forjas.

---

25. As elucidações são dadas mais adiante, p. 133.

Caras de operários agradáveis, abertas, boas sérias, sorridentes.
É o evidente Popular amorável[26].
Em outro recanto daquela cidade, oficina de mulheres. Peças pequenas. Alguns homens. Raspam peças (moldes).
[Tudo isso: muito "lição de coisas"]
[Médicos de pés descalços e também operários de mãos limpas]
Galpão de secagem. Forte calor.
[O bonitinho sorri para mim, mas que dizer? Opacidade total.
O operário tímido e ruborizado]
Para os trajetos de micro-ônibus na fábrica, a comitiva das quinze pessoas sobe em outro micro-ônibus. Galpão de cilindragem: vinte caricaturas contra Lin Piao (um morto!).
Elevador.
Oficina de peças de precisão.

[Certa vergonha de ficar fazendo passeio turístico entre operários absortos em seu trabalho]

Olho para os operários mais que para as peças. E no fundo tenho razão.
O meu tem olhos muito muito puxados e um pouco de bigode. Parece ter dezesseis anos, mas alguns pelos brancos. É um dos dois companheiros do salão.

---

26. Roland Barthes comenta essa ideia a propósito dos filmes de Eisenstein: "o povo eisensteiniano é essencialmente *amorável*" ("Le troisième sens. Notes de recherche sur quelques photogrammes de S. M. Eisenstein", OC III, p. 498).

Visita segue: etc.
Galpão da linha de montagem. Numa longa linha de montagem, o trator vermelho vai-se formando aos poucos, no fim sai totalmente montado, de faróis acesos. Um homem sobe nele e o leva para fora.
Tudo isso, grande espetáculo demiúrgico.
Outra linha de montagem de tratores pequenos. Um sai andando. Ph. S. é convidado a dirigi-lo.
Alguns operários vêm ver. A linha de montagem para! Numa esplanada, demonstração: o trator desvairado, girando sobre suas esteiras etc.
Volta ao salão. Pausa. Chá. Toalhinhas.

Perguntas (agrupadas) e discussão:
"Nós rompemos o bloco organizado pela camarilha revisionista de Khrushchev e de Liu Shao Shi". Em nossa fábrica, uma corrente para retorno ao revisionismo: retorno ao lucro como estímulo material; mas os operários rejeitam.
No último Congresso PCC, Mao ensinou que durante todo o período do socialismo, há contradições e luta de classes.
Em conivência com os imperialistas e com os revisionistas modernos e reacionários, Lin Piao criou um movimento antirrevolucionário antichinês. Lin Piao tem duas caras: solapou a linha vitoriosa do Partido. Preconizou superioridade dos inteligentes, que os heróis criam a história; que é preciso moderar-se e "voltar aos ritos" com o objetivo de transformar a China socialista em país semifeudal e semicolonial.

Um operário experiente pode dar seu testemunho sobre o problema. [Ele, justamente, está ali! e prepara-se para tomar impulso, pegar o bastão e passar a lição; dá a partida...]
Biografia do operário experiente: com treze anos de idade, operário dos capitalistas, quinze horas por dia, maus-tratos; era como um escravo. [Topos do Passado] [Num roteiro completo – e essa fábrica imensa pode arcar com isso – há "papéis": o velho operário, o velho puxador de riquixá, a mãe-modelo etc. Retomar a lista nestas notas]. Sua família, seus filhos. Sua vida é muito feliz. Mais de 200 yuans por mês (?). Atenção especial da fábrica para os operários experientes. [O velho tem tanta pressa de soltar a lição, que se inflama e corta a palavra do tradutor]. Também educamos os operários jovens. Só o socialismo pode salvar a China. O capitalismo é a raiz de todos os males.
– Corrente pelo retorno ao lucro, mais entre os jovens? – É por isso que os velhos educam os jovens.
(Operários experientes = operários velhos).
[É realmente o operário na vitrine]
A Tríplice União*? Operários experientes como centro, força principal + técnicos + encarregados. Nova organização: gestão da empresa. Depois da Carta da Empresa Siderúrgica e da Revolução Cultural.
E os operários jovens? Podem ser experimentados (experientes). [O jovem companheiro do Bonitinho atua como Jovem Operário da 8ª categoria]

---

* Cf. acima, exposição.

| *Cadernos da viagem à China* |

Tríplice união: também em escala da Oficina.
Categorias de operários (oito). 1. Aprendiz (3 anos), 2ª categoria etc. (diferentes salários) à 8ª categoria (102 yuans) ≠ jovens: 38 yuans (2ª categoria). O salário mais alto da empresa: engenheiro geral: 270 yuans. Engenheiro geral: ou técnico enviado pelo Estado (Escola Técnica), ou operário formado na fábrica (que tem suas escolas). Salário médio para a fábrica: 54 yuans.
As Mulheres participam do movimento Pilin Pikong, pois vítimas da antiga sociedade de Confúcio e de Mêncio[27]; Confúcio desprezou as mulheres. Depois Li Piao: oprime, despreza, explora as Mulheres. As Mulheres: ódio extremo à antiga sociedade, a Confúcio e a Lin Piao.
Exemplo: Lin Piao preconizou que a mulher podia ser boa dona de casa, impediu as mulheres de participar das atividades políticas. Por isso querem refutar completa e radicalmente Confúcio e Lin Piao. Durante esse discurso ferozmente feminista, a renque de rapazes gentis fica acachapada e silenciosa em seus sofás. As mulheres se tornaram a vanguarda nesse movimento.
Comitê revolucionário (da fábrica em geral): 50 membros, dos quais 17 permanentes.
Convite para jantar com os operários. Entrega de insígnias da Fábrica de Loyang.

Jantar no refeitório. Guichês, uns quinze cozinheiros veteranos de branco atrás. "Velhos chineses". F. W. e eu vamos para uma

---
27. Mêncio, latinização de Mengzi (Mestre Meng, c. 380–289 a.C.) é um filósofo herdeiro de Confúcio, também alvo da campanha Pilin Pikong.

mesa onde já estão dois operários jovens, muito limpos, mãos finas (são "reparadores"?), muito gentis. Pratos numerosos, bons, um pouco frios, não há arroz, pão no vapor. Comem muito e bem; é uma alimentação muito opulenta.

Efusão final com os dois operários gentis de azul muito limpos. Na saída da sala, dois recipientes de água morna – espécie de lavanda – e duas toalhinhas limpas.

Somos aplaudidos por todo o corpo de cozinheiros (entre os quais um belo mongol), que vamos agradecer, e por todos os operários do refeitório, em pé. Lá fora, indo para o micro-ônibus, todos os cozinheiros em fila.

E eis senão que o Bonitinho mostra saber falar um pouco de francês, que ele aprendeu numa Escola Politécnica! (Aliás, tem boa pronúncia).

Volta ao Salão (outras perguntas).

Para comer assim todo dia, 17 yuans por mês. Economias na Caixa Econômica: ajudar a Revolução. 1 libra de ovos = 70 fens.

Alienação dos gestos repetitivos na linha de montagem? – Os que trabalham sempre no mesmo torno: raríssimo. Cada operário domina vários tipos de torno. [Resposta fraca]

[É verdade que a parte da linha de montagem tem jeito de ser bastante complexa para representar certa variedade]

[Outras perguntas, mas estou com preguiça, as respostas são sempre idílicas]

"*Crítica de Gotha,* principalmente + *Estado e revolução* + *Impe-*

rialismo" etc.[28]: são as obras mais estudadas em relação com Pilin-Pikong.

100% dos operários participam dos grupos de estudos políticos e ideológicos.

Agradecimentos (19h15).

"Pedimos que transmitam as saudações dos operários de nossa fábrica aos operários da França"(!)

O francófono bonito segura minha mão (a dele está úmida) durante cinco minutos.

Noite
Ópera local. Companhia de Henan

"Armazéns voltados para o sol". A história transcorre em 1963: uma moça simpática, boa militante. Seu pai, simpático, mas que precisa ser esclarecido, e um vil capitalista. Isso ilustra "as contradições no seio do povo" (em torno do tema do mercado livre).

Sala ampla, um povaréu. Na última hora nos esgueiram para nossos lugares, na frente, sempre bem enquadrados pela Agência.

Atores: horrivelmente maquiados, mais que caracterizados: físico flácido, gordo, desmunhecado dos atores; mulheres sorridentes e decididas (bem jeito de matriarcado americano).

Maquiagem: rubicunda para os bons, esverdeada para o traidor. Cf. Teatro antigo.

....
28. Marx, *Crítica ao programa de Gotha* (1875, publicado em 1891), Lênin, *Estado e Revolução* (1917), *Imperialismo, fase superior do capitalismo* (1916, publicado em 1917).

A orquestra está no palco atrás de um alambrado. De cada lado da cena há quadros luminosos verticais nos quais aparece um texto de vez em quando. (Mas, acho, pouco brechtiano).
Diálogos e regularmente cada um manda a sua cançãozinha. Comédia americana.
As roupas são limpas demais, "feitas a propósito"; nada está desgastado, vivo, "real". Não é brechtiano. Segundo quadro: interior de casa: Garrafas térmicas! Mais tarde, a heroína vendedora ambulante levará a uma camponesa... o quê? Uma garrafa térmica!

[Para este país, duas espécies de pertinência: 1) Olhar da Democracia burguesa: Peyrefitte, admiração pelo Estado, Performance, condenação da doutrinação[29]; esse ponto de vista pode ser assumido e defendido *antes* de vir aqui. Vir aqui não muda nada; 2) Olhar vindo do interior do socialismo; debates: burocracia, stalinismo, poder, relações entre as classes etc. A opacidade dura.]

As pessoas, está claro, só querem rir; nelas, grande reserva de sensibilidade, atenção, jovialidade: têm intensa expectativa de talento, de boa comédia; mas ocorre-lhes um abacaxi que, está claro, vai deixá-los sem emprego. Que estrago, que perda! A falta de talento é um crime contra a Revolução.

Atrizes: gestos muito codificados (sobretudo quando cantam). Que código? Descobri! gestos (braços e mãos, posição dos pés) dos manequins de cera nas vitrines de lojas ordinárias.

---
29. Alain Peyrefitte, *Quand la Chine s'éveillera... le monde tremblera.* Paris, Fayard, 1973.

Todos os fins de atos em Quadros Vivos (diagrama do "à frente"). Cf. o Instante pregnante[30] (aqui: o movimento à frente). Religioso: gesto de dominação do Bom sobre o Demônio. (Aqui: a Mulher pisa na cabeça do homem).

Quarta-feira 24 de abril
(Luo-Yang)

Nublado, como ontem. – Enxaqueca cotidiana.
Desjejum: omelete com macarrão. Bolinhos de carne. Rabanada (deliciosa), grande bolo tipo Saint-Honoré.

Ontem. Espetáculo: o Herói positivo parece sempre ser Mulher moça ou velha, não "Mulher de Trinta anos"[31]).

8h. Mala. O sol nasce.

Visita a uma usina de mineração

Esperados, como sempre, na escadaria de entrada.
Salão, chá etc.
Boas-vindas em nome do Comitê Revolucionário. = Fábrica de Máquinas para mineração.

---
30. "O instante pregnante" é o instante perfeito de uma composição. "Diderot sem dúvida pensara nesse instante perfeito (e o pensara). Esse instante crucial, totalmente concreto e totalmente abstrato, é o que Lessing chamará (em *Laocoonte*) *instante pregnante*" ("Diderot, Brecht et Eisenstein", 1973, OC IV, p. 341).
31. Alusão a *Mulher de trinta anos,* de Honoré de Balzac (1842).

Breve exposição do diretor administrativo pelo Comitê Revolucionário. Servir a indústria hulheira, siderúrgica. 10.000 pessoas. [Aqui os sofás são de couro, o salão não é muito grande. Quatro retratos + Mao. Lá fora, tempo bonito, muito agradável]
Triagem, lavagem do minério. [Chá escuro] Descrição das máquinas (deixo quieto). [O chá é bom, perfumado, não insípido] Fábrica construída no tempo de Stálin. Depois Khrushchev, chamada dos técnicos, danos na produção (Topos conhecido). Então, contar com as próprias forças.
[Recensear os Topoi: montagem de blocos, exemplo: Topos do Passado/Presente, Topos do Contrato-Descumprido]. Hospital etc. (150 leitos). Clube* de 1.000 pessoas.
Escola secundária (2.000 estudantes) + 4 escolas primárias (3.000 crianças) + 7 jardins de infância. Cinema duas vezes por semana. Duchas gratuitas.

Troca de caneta

Operárias: 28%. Mesmo salário que Homens.
Política: mulheres iguais aos homens. Vida cotidiana: favores (parto 56 dias de licença paga, aleitamento uma hora por dia). Depois da Revolução Cultural, desenvolvimento da produção. Atualmente, Pilin Pikong, promover a produção. Agora, atividade maior por ocasião do 1º de maio.

Visita

[Ontem Ópera: Somos *sagrados:* aproximam-se em massa para nos olhar, afastam-se para não nos tocar]

---

* Clube = lazer.

| *Cadernos da viagem à China* |

Grande Galpão. Os operários param e nos olham. Aços brilhantes, inundados, limalha.

[Balanço: descrição da linguagem: ousar fazê-la. Conclusão: *verificar*. Portanto, única posição justa: *amigos,* companheiros de rota]. (Reencontrar citação Mao no *Livro vermelho*[32]). [Nenhum eros, aqui]

Um baixinho ao meu lado, olhos voltados para cima, revela-se falando um pouco de francês (um ano de francês Instituto Politécnico de Tendu[33]. Cf. o de ontem).

Quadro de avisos.

Caricaturas Pilin Pikong.

Grande retrato (pintura) do camarada Tiu Yu Lou[34] – heroico (?): trabalhava nesta oficina (chefe de oficina) [cercados de cinquenta operários]: trabalhava muito bem. Foi morar entre camponeses pobres para educá-los: graças a ele a aldeia Lan Kao tornou-se uma boa aldeia = "Bom aluno do Presidente Mao".

Cartaz: preleção sobre a Comuna de Paris (103 anos): Grande Festa Proletária, Movimento Pilin-Pikong: 18 de março de 1871: Primeiro Poder Vermelho do Mundo. Apoiado por Marx[35].

---

32. O departamento político geral do exército publicou em 1964 o célebre *Livro das citações do Presidente Mao*, chamado de *Livro vermelho,* que nos anos seguintes teria uma tiragem de aproximadamente um bilhão de exemplares.
33. Poderia ser "Tangdu" ("capital da dinastia Tang"), visto que Luoyang foi uma das duas capitais dos Tang, ao lado de Xi'an.
34. Qiao Yulu, célebre dirigente de aldeia, herói modelo.
35. Em *Guerra civil na França* (1971), Marx comenta a insurreição da Comuna de Paris (18 de março a 28 de maio de 1871), que se torna referência revolucionária de grande importância.

[Muitos nos olham, nos cercam. Boa ocasião para não pegar no batente! Não há controle de produtividade?]

Grande quadro. Fotos relativas ao Herói. Relicário de objetos dele: paletó, escrivaninha, cachecol, banco etc.
Um outro, baixinho, fala francês.
Outro Galpão. Quadros. Caricaturas (desta vez com caligrafia bonita, estilo erva). – Não, é uma história em quadrinhos, com episódios.
[A guia, que tem trinta anos e parece ter cinquenta, está muito ansiosa com a correção de suas frases. Mas eu lhe digo que estou entendendo tudo, e ela fica radiante]
Bloco: "Camponeses pobres e semipobres"[36].
"Ele vai para o campo trabalhar com – (bloco)". Tema: intelectuais no campo.
Atrás de nós (estamos decifrando o quadro de poemas de operários): multidão compacta de operários em várias fileiras.
Paramos mais nos Quadros do que nas máquinas. Somos seres de linguagem.

---
36. A complexa hierarquia da sociedade aldeã tradicional é substituída na reforma agrária de 1950 por uma nova hierarquia baseada em critérios sociais que encobrem critérios políticos. O Partido apoia-se nos "camponeses pobres e semipobres", por ele privilegiados.

"Sou sempre o último (do cortejo)". – Porque é velho, me diz a adorável guia das frases correctas.

Galpão. Forjas. Laminadores.

Oficina mais calma. Uma dezena de operários a uma mesa, nos olhando "sentados sem fazer nada"[37].

Outra Oficina. À beira do caminho central, dois operários sentados sobre peças, um deles segura com delicadeza o punho do outro, brinca, com toda a indolência. Inocência?

É a fábrica mais descontraída, onde param mais. (Traduzo, no agradecimento final, felicitando pela calma e pelo controle do esforço despendido).

Volta ao Salão. – Perguntas?

Quase não temos.

(São 10h30).

As normas de produção vêm do Estado.

Disposição clássica de um Salão de Boas-vindas:

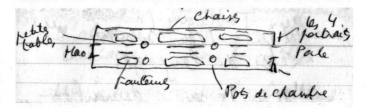

Tríplice aliança: Operários, Encarregados, Técnicos.

----

37. "Sentado em paz sem fazer nada / A primavera vem e a relva cresce sozinha", poema Zenzin, poema do *Zenzin Kushu* (século XV) da tradição zen, citado em *Incidents* (OC V, p. 974) e *Vita Nova* (OC V, p. 1011).

Comitê revolucionário desta fábrica: 32 pessoas, com base no princípio de tríplice aliança (idosos, meia-idade, jovens). Para eleger, discussões em escala de fábrica: candidatos de todos os tipos, vanguardas da GRCP: discutidos, ratificação e aprovação por escalão mais elevado, por Comitê do Partido e Municipalidade de Loyang.

Comitê revolucionário: dirigentes experientes, mulheres jovens (4) + operários + técnicos. Quanto tempo? Dependendo da circunstância, condições concretas da empresa. Direito de revogação pelos operários. Comitê atual: setembro de 1967. Atual campanha Pilin Pikong? Sem mudanças, mas novos membros (as vanguardas que aparecem). Há membros do Partido, e não do Partido.

Comitê Revolucionário e Costumes? Dispõe do Bureau Administrativo, que cuida de casamentos (o Sindicato, dos óbitos) (Bureau Administrativo: pequenas questões ≠ Comitê Revolucionário: grandes questões). Casamento: os jovens expressam o desejo, o Bureau Administrativo aprova e remete ao Distrito para as formalidades (governo). Em seguida, Bureau Administrativo: dá moradia, móveis etc. Data marcada pelo casal (feriados, domingo), participação dos camaradas. Alguns dias de licença.

Em que caso, parecer negativo? – Casamentos tardios; regra respeitada voluntariamente. Portanto, em geral não há recusa.

O que esperam concretamente aqui da campanha Pilin Pikong? – Depois da Revolução Cultural, corrente direitista que negligenciou as conquistas da Revolução Cultural. O atual movi-

mento refuta essa corrente. Tendência a favorecer estímulo material: é o que criticamos.
Fim. Entrega de insígnias.
Última pergunta de Julia: Divórcios? Raríssimos.

Hotel. No saguão outros dois rapazes sentados: um deles tem o braço em torno do pescoço do outro que lhe segura a mão com suas duas mãos [mas, que pena, eles quase sempre têm as mãos muito úmidas]

Lembrete: um presidente de Comitê Revolucionário: 240 yuans por mês.
Ressaltar bem a uniformidade do traje, mas também sua implacável diferenciação sutil (dirigentes/operários/funcionários). Na verdade, ao contrário do que eu notara, é a estrutura do uniforme (homogêneo mas com marcas).

Confúcio: Kong Zen. Mas isto é um tanto honorífico (como Lao Tse). Por isso, hoje, na Rádio, dizem Kong (Shiu, o velho?), ou Konfuss[38].

História da esferográfica estragada de que tento me livrar, que enfurno bem no fundo de uma gaveta e volta para mim três vezes[39].

---
38. Confúcio (em chinês Kong Qiu), é chamado de Kongfuzi ("Mestre Kong"), denominação que os jesuítas missionários na China a partir do século XVI latinizaram como Confúcio.
39. Simon Leys relata, de modo semelhante, "o golpe da lâmina de barbear usada, que hoje percorre todas as narrativas de viagem à China: o viajante abandona no quarto de hotel uma lâmina de barbear usada, que lhe é escrupulosamente devolvida a cada etapa da viagem". (*Ombres chinoises*, in *Essais sur la Chine*, ed. cit., p. 236, nota 1).

O trem para Sian está atrasado; primeiro esperamos no hotel, depois num salão da estação: chá (sem cigarros), sofás com guarda-pós brancos. Retrato de Mao sozinho (sem os outros quatro). Caligrafia. São 15h20.
Agradecimento solene do chefão da Agência.

De trem de Luo Yang a Sian

Mesmo vagão-leito que o de Nanquim a Luo Yang. Limpo. Confortável. Travesseiros macios, chinelos. O vagão só para nós. Lá fora: nublado tempestuoso.
Lá fora, nublado, poeirento, tempestuoso, seco, pouca vegetação. Estepe montuosa. O trem anda devagar demais (subindo).

[Com a Agência, somos capazes de atravessar paredes: passamos por paredes de estações, hotéis, fábricas, sem nenhuma parada, nenhuma formalidade, nenhuma verificação]

16h30. Não fizemos nem 100 km desde a saída, ou seja, em três horas.
À esquerda do trem, largo vale do rio seco. Verdes claro de trigo.

17h15. De novo a planície verde.
Poeira lá fora, até a noite. Tudo é abafado.

20h30. Como o trem está com uma ou duas horas de atraso, deixam-nos ir por um momento ao vagão-restaurante: cerveja, café, pão e geleia.

21h30. Chegada a Sian. Dois sorridentes, dos quais um jovem que fala bem francês. Estação-Pagode[40].
Saguão da Estação. Chá. Boas-vindas. Programa.
Hotel do povo. Vasto, interminável, vazio, pouco iluminado.
O refeitório no fim do mundo.
Comemos sozinhos num refeitório enorme como um salão de baile.

Quinta-feira 25 de abril
(Sian)

7h. Abaixo, na aleia de um magro jardim, um homem sozinho, de meia-idade, faz movimentos de ginástica (vagamente sueca). Depois começa uma terrível barulheira de Rádio. Ah, vizinhos! diria um francês.
Tempo pouco nublado, vagamente ensolarado.

Pagode do grande Ganso (Tang)
652 d.C.

Um tambor soa no jardim do Pagode. Por quê?
Jardins. Campo. Na lateral do Jardim, íris. Tempo bom.

---

[40]. A estação de Xi'an "foi construída em 1933 em estilo tradicional, teto com afrescos, sustentado por grossas colunas vermelho-vivas, lambris acaju", Marcelin Pleynet, *Journal de voyage en Chine, op. cit.*, p. 83.

Dois pequenos pavilhões: um para o sino (hora da manhã), outro para o tambor (hora da noite). É calmo, deserto.
Sete andares. 64 metros.
Grande jardim à francesa. Glicínias. Íris. Buxo.
Subida. Paro no primeiro patamar: vista da planura brumosa do campo. Enquanto os outros sobem mais, desço de volta sozinho. Visitantes populares. Tempo bonito, brisa.
Partida para o Museu Arqueológico. Zhao, de carro, me faz perguntas sobre cada um de nós.

[Meu nível fenomenológico = o nível do significante.
Na China, o único significante = escrita (Mao, *dazibao*)]

[Como eles olham intensamente! Intensidade de curiosidade fascinante, incrível, no olhar. É que esse olhar se dirige não à nossa pessoa, nem mesmo ao corpo como eros, mas abstrata e essencialmente à *espécie*: sou despojado de meu corpo em prol de meu germe]

10h *Museu pré-histórico*

Salão de recepção muito bem-feito.
Luminoso, grande, belas pinturas antigas. Rapaz cheio de espinhas e belo olhar.
Preleção de apresentação feita por uma moça de cara ardilosa, cheia de marcas e inteligente. O rapaz não diz nada. (A moça tem trinta anos!).

[Uniformidade no trajar quer dizer que *numa mesma categoria* (por exemplo, na dos funcionários) esse traje é absolutamente uniforme e intercambiável]
Lá fora, todas as portas abertas, o tempo está lindo.
Privadas do Museu:

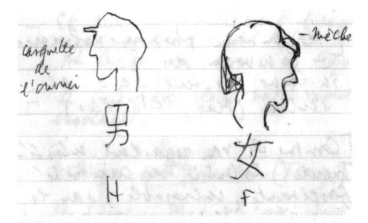

Enxertando estereótipos revolucionários ("prática", "trabalhadores", "coletivismo") na descrição da sociedade pré-histórica, cuja vida é reconstituída nas salas do Museu.
Rapaz: rosto suave como de moça (são frequentes).
Discussão sobre a Comuna primitiva, o clã, o matriarcado etc.

Visita:
[A explicação confusa daquela sociedade, dada pela ardilosa claramente incompetente, infelizmente é dominada por preconceitos visíveis: coletivismo, materialismo rasteiro, ausência de simbolismo]

Mapa com pontos luminosos (sítios pré-históricos). Descontando-se o Tibete, Sian está no centro exato da China.
O Museu é bem-feito, claro e didático. Há bastante gente.
Sento-me num banco da sala: eles se vão discretamente.
No fundo uma grande pintura de reconstituição; mais soviética que verossímil; estilo Courbet.

Tudo sinocêntrico. Nenhuma ideia de que possa haver sociedades, aldeias etc. assim em outros lugares. Etnologia escamoteada. Nenhum comparatismo.

Uma pintura horrível, realismo socialista: assembleia de primitivos em torno de uma fogueira, uma mulher com o dedo erguido, dominadora, falando; dizem-nos: "discussão dos problemas pelos aldeões"!
[Sinocentrismo e socialismocentrismo: tudo expressa o gosto pela comuna querida, pelo coletivismo primitivo: *a origem é o modelo, o fiador*].

[Aqui, o título importante e suficiente parece ser: diplomado no secundário. O superior é sempre omitido; ninguém sai de lá. Desconfiança enorme, provavelmente. Todas as apostas são feitas nas Escolas Secundárias, depois, alguns institutos técnicos, especializados: em suma, o próprio sonho do atual regime na França]

[Só as crianças usam roupas individualizadas, de cores anárquicas]

Depois da visita a duas salas, didáticas e bastante vazias, lá no jardim, galpão ocupado por uma imensa maquete das escavações (não, são as próprias escavações)*.
Pequenas estudantes de paletó cáqui, tranças, mochila a tiracolo e – sempre – *cantil.* (Militar, escoteiro).
Tudo isso não parece ultrapassar a vulgar aldeia negra.

[1. Discurso do significante (a escritura)
2. Discurso do significado (os Blocos)
3. Interpretação. Lutas. Estruturas. Processo]

Essa falsa maquete (pois é verdadeira) com seus buracos cinzentos, empoeirados, lunares, é de um tédio mortal; camponeses, moças, crianças giram ao seu redor com desinteresse.

Eu gosto, às vezes, de não me interessar.

[Plano do significado: ou seja: o que atravanca o espaço, o que barra o significante. Proscrição total do significante. No Museu, dificuldade de fazê-los dizer que o peixe pintado da Aldeia pré-histórica de pescadores é um Totem]

Partida do Museu. Tempo lindo. Entrega de insígnias (o peixe).

[Se há linguagem, não pode haver materialismo simples. Materialismo dogmático e escotomização da linguagem andam de

---
* cobertas com um teto-galpão.

mãos dadas. Falha marxista – quando Ph. S. emite um discurso voluntária e agressivamente materialista, quando faz materialismo do *declarativo direto,* esquece a linguagem e, em suma, já não é materialista]

Tarde

Estranho! Pedem nossos passaportes "para uma chancela". Quarenta e cinco minutos de carro (faz muito calor) rumo aos Pintores Camponeses. Cidade interminável.

Raro desentendimento: entre nosso motorista e um caminhão que não dava passagem.
Cruzamos com um enterro – corpo sobre um timão camponês.
Meu mau humor é grande, pelo passaporte tirado, pelos Pintores Camponeses etc.

Com os Pintores Camponeses

Ao cabo de uma hora de belos campos planos – sempre povoados – Aldeia: fileira espessa de habitantes ao longo de todo o percurso: nunca tão festejados: Pompidou em Aurillac[41].

Entrada em duas ou três aulas. Salão. Apresentação dos Camaradas-Pintores-Camponeses. Chá.

---
41. Capital do departamento de Cantal, local de origem de Georges Pompidou, onde ele foi deputado antes de se tornar Presidente da República (1969-1974).

Exposição sobre as atividades dos pintores amadores. Boas-vindas (aquele ali, pela primeira vez, lê notas de boas-vindas num caderno). 40 km de Sian. Distrito: 24 comunas populares, 400.000 homens. Algodão, trigo, arroz, milho.
Antes da Libertação, vida miserável sob os proprietários de terras. Depois da Libertação: grande atividade por vias coletivas. [Um deles nos fotografa com uma máquina vetusta]. Criticamos a linha revisionista Liu Shao Shi e Lin Piao. Linha fundamental do Partido com base no modelo de Tachai: produção agrícola não parou de aumentar.
[Na parede, algumas pinturas dos Pintores Camponeses]
Números de produção [ainda não chegamos à Pintura]. Como não! Ali vem ela! Libertação no plano cultural. Camponeses pobres e semipobres: bens materiais e espirituais. 1958, Grande Salto à Frente, muitas pinturas nas paredes: os Camponeses fizeram o elogio ao Partido, ao Presidente Mao e à linha geral para a Educação Socialista.
Assim que apareceram essas pinturas, grande atenção do Partido; o Distrito organizou então estágios de pintores amadores, artes do Proletariado, para educação política[42]. 1958→1974: Pintores Amadores aumentando: 500 pintores amadores. [Sofás cobertos de atoalhado rosa e verde] → Exposições [Teto: vime e travessas de bambu].
[Avalanche de blocos. Quanto mais cultural, mais *blocado*]

....

42. O aldeia de Huxian, que ficou famosa durante a Revolução Cultural pelas pinturas ingênuas de seus aldeões, tornou-se modelo de arte criativa do povo em oposição à arte acadêmica burguesa.

12.000 pinturas de amadores sobre a história da comuna etc., 106 coleções (coletâneas).
Revolução Cultural: 8.700 pinturas para criticar linha revisionista Liu Shao Shi e Lin Piao. Pilin Pikong: os pintores camponeses estudaram marxismo-leninismo ("moderar-se e voltar aos ritos"!). Pintores Amadores criticaram a teoria da vontade do Céu e a dos "Funcionários sempre inteligentes e as massas sempre burras". Pela prática, tornaram-se pintores.
Progresso nesse trabalho, mas nível das belas-artes diferem segundo as brigadas; algumas [as sortudas!] não têm pintores amadores. Nós trabalhamos para fortalecer a ditadura do Proletariado...

Visita à Exposição.
[Que dizer?!] Realismo puro. Tudo no contínuo. Nada sem conteúdo. Até mesmo um retrato (um Secretário sentado) está lendo, estudando (está lendo *Anti-Dühring*[43], diz o autor, que está lá e, aliás, tem uma cara bonita e fina).

[Sempre esses hálitos fortes]
Motivos. Ouvir rádio em grupo. Ler *dazibaos* durante trabalhos de irrigação (campanha atual). Grupo de mulheres capinando um campo, lavoura da primavera. (Intenção: para obter boa colheita, trabalhar a cada momento).
[Sinocentrismo ingênuo: os senhores sabem, aqui, os andorinhas anunciam a primavera]

---
43. Friedrich Engels, *Anti-Dühring* (1878).

Material: tradicional de pintura (aquarela? tinta?)
[Os que nos são mostrados durante muito tempo são os mais lambidos, os mais banais, os menos *naïfs*] [pois debaixo do quadro ruim, uma colheita, melhor, fino, *linear* e disposição mais *naïf* do espaço. (Da mesma mulher, porém mais antigo)]
Em suma, dois tipos: 1) realista, banal, cena instante pregnante[44]. (É o estilo execrável dos cartazes). 2) panorâmicos mais *naïfs*, mais Douanier Rousseau, ou delírios multiplicativos.
Motivos: tratores entrando num pomar. Depósito de açougue (completamente doido!). Instruções dadas a um jovem por um velho para trançar um cesto. Transporte de madeira. Uma mocinha alinhada levando plantas medicinais a um velho de barbicha. Balé infantil. Conserto de um fio de telefone à noite na montanha.
[E os há melhores, de não se acreditar. Isso não é negativo]
Pinturas com desenho contornado, ou seja,: desenhado e colorido.
[Sem dúvida, é comovente, de fato]
Personagens sempre sorridentes e rubicundos – ou rosados.
Certa loucura da multiplicação.
Vemos – o que é precioso – muitas cenas paramilitares.

Alguns retratos em *crayon*: o pior de tudo. Colina Montmartre. Em suma, são excelentes desenhistas. Afinidade entre a Revolução e o Desenho (ilusão referencial*). O excedente é reduzido à categoria de *colorido* (ou seja, a cor sem pulsão; a cor como verossímil).

---
44. Ver nota 30, p. 137.
  * e importância (aprofundar) do *contorno*, do *traço* (do inteligível).

No pátio: tempo bom. Duas palmeirinhas.

16h30. Retorno ao Salão.
O lugar: Hu-Sian.
[Os que nos foram apresentados eram na verdade dirigentes, subdirigentes do Distrito, da Comuna] [Não marco todo o diálogo no qual não muita coisa nova; as respostas esperadas chegam infalivelmente]
17h30. Demorado! (como a viagem).
Até logo, entrega de cartazes, mapas etc.
Inenarrável: nosso carro avança, o portal se abre; a multidão densa, *organizada,* em quadrilátero nos espera e nos aplaude.
Retorno no carro com Julia e o guia que fala russo; campo e luzes belas, suaves, verde-claro, gente.

[Defesa de última hora da linguagem estereotipada: confere facilidade, segurança, justificação, dignidade ao sujeito que fala, que neste caso ("massas") torna-se seu sujeito sem usurpação; pois essa linguagem não toma – neste caso – o lugar de nenhuma outra, está sobre uma não linguagem, permite que o sujeito fale. Bem diferente é o caso do intelectual que precisa despojar-se de uma linguagem anterior]

[Aquilo de que estou despojado: café, salada, flerte]

À noite: muito cansado e desanimado. Sentimento: estou bem cheio (inclusive das conversas entre nós). Como meu terno tão desejado não pode ser feito aqui a tempo e como não posso ir à loja, só nos resta dar um passeiozinho na grande avenida em frente ao hotel: noite bonita, fina vírgula de lua, muita gente bem descontraída, gente nas aleias sombrias fazendo ginástica, toda uma vidinha individual, à noite.

Sexta-feira 26 de abril
(Sian)

Ainda acordado e levanto cedo.
Lá fora, nublado. Ao longe, num terreno, jovens fazem exercício.

[Significantes: escrita, ginástica, alimentação, indumentária.
(Significante: no fundo: tudo de que gosto e só disso)]

Desjejum: decidimos que perguntas fazer aos professores da Universidade de Pequim que devemos – talvez – encontrar.
Somos acompanhados nesta manhã (por quê?) pela pequena tradutora que ontem, nos Pintores Camponeses, estava lá (por quê?), falando muito bem inglês e espanhol.

Indústria têxtil
(Nº 4 do Noroeste da China)

Escadas frontais (três recepcionistas, entre os quais uma mulher), salão de cortinas azuis, cinco retratos cinza e preto. O chá é servido por um velho (evidentemente, se é uma fábrica de mulheres).

Boas-vindas em nome do Comitê Revolucionário.

Exposição. 1954. Fusos 130.000; 3.240 teares. [Na parede: amostras de tecidos] . Equipamento projetado e manufaturado na China. Fio de algodão, por dia: 65.000 kg, 340.000 m de tecido de algodão por dia.

Pessoal: 6.380. Mulheres: 58%. Linha do Presidente Mao e direção do Partido → plano fixado pelo Estado.

Vida cotidiana dos operários. Moradias, Dormitórios coletivos para solteiros. Refeitórios. Medicina: em cada oficina + dispensário e perto daqui, hospital. Mulheres que recebem auxílio (parto), creches, jardins de infância.

Linha X Congresso Pilin Pikong: impulso em nossa fábrica; crítica aos crimes contrarrevolucionários, palavras errôneas de Confúcio e Lin Piao[45]. Grandes progressos registrados. Mas ainda deficiências: distância em relação às indústrias têxteis dos países avançados [irmãos]*. Então: indiquem as insuficiências.

Programa da visita.

Produção:

Triagem. Galpão. Fardos de algodão. Cheiro de farinha, faz calor. Grandes máquinas verdes que aspiram o algodão em flocos estendido em camadas. Muito mais adiante, volta a sair em cilindros de fibra têxtil comprimida.

....

45. O X Congresso do Partido, que se reuniu de 24 a 28 de agosto de 1973, ratifica a exclusão póstuma de Lin Piao e manifesta a promoção de uma "contracorrente" de esquerda.

* Corrigido por Zhao: "empresas irmãs".

Na parede Poema de Mao em vermelho (com o algodão branco!).
Grande Galpão. Tecelagem, através de 1.000 máquinas, grossos cordões de algodão.
Tudo limpo, palpitante, leve vapor de algodão, máquinas verdes. Quadros vermelhos.
Outras máquinas: dos cordões saem fios enrolados em fusos.
O ruído fica muito forte, não conseguimos nos ouvir.
Imenso galpão com máquinas idênticas.
Verdadeira colmeia. Extrema habilidade manual das operárias.
As que estão sentadas (em carrinhos deslizantes) estão grávidas (sádico!).
Duplicação e triplicação dos fios.
Ventiladores girando, girando acima dos fios.
Oficina de gomagem. Cheiro de cola, quero dizer, cheiro ruim.
Finalmente o galpão de teares: barulho infernal, intolerável.
Oficina em claro-escuro. Verificação dos rolos de pano: eles passam sobre uma superfície de vidro fosco iluminada de baixo para cima.
Empacotamento das peças de pano.

Jardim de infância.
Pequeno balé no pátio. Meninas e meninos com aventaizinhos brancos.
Significante: as mãos (nos balés, no teatro).
Pequenos dormitórios coletivos.
A tradutora hispano-britânica com sotaque cada vez mais oxfordiano.
[Tempo nublado, mas agradável]

Aqui também as meninas dominam, em grande vantagem nos jogos.
Outro significante: as crianças.
Montes de jogos em grupo no pátio que se torna ensolarado. Jogos com bandeirinhas vermelhas.

Visita a famílias (modelos).
Interior melhor do que os que já vimos. Muito limpo. Toalhas de crochê. Rádio. Máquina de escrever. Foto de Mao + original (à mesa de trabalho).
O pai e a mãe + quatro filhos. Moldura oval muito kitsch. Ele reparador de máquinas, ela operária aposentada.
Chá no quarto. Ao fundo, no outro quarto, dá para ver alguns livros. Espelho. Na parede, folhinha-cromo. Salário ele: 80 yuans. Ela: 40 yuans. Na parede: ponte de Nanquim. Todo o salário para a mãe, que redistribui segundo as necessidades.
Moradia, eletricidade: 4 yuans por mês (dois cômodos + cozinha). Na parede, também, antiga estampa flores e poema. Pequeno abajur (feio) sobre o rádio. E garrafas térmicas com flor, claro!

Ele: gosta de poemas, mas não os entende, pois antes da Libertação, era analfabeto (risos). Mulher: aposentadoria aos cinquenta anos. Homem: aos sessenta anos.

(Ela tem alguma coisa de Marguerite Duras). Cuida da casa e participa das atividades políticas (lê jornais).

(Ch.: cada vez mais *folle vivace*).

Ele: tagarela mas não diz nada, esquiva-se e foge do concreto; jesuíta e normando.

Sobre o rádio, pequena foto amadorística colorida: a Mãe sentada.

O velho vai soltando seus blocos, em jato contínuo.

[Muitas vezes, nessas visitas, os acompanhantes – do lugar ou da Agência – tomam notas. Talvez a mania que parecem ter atualmente de pesquisas sociais como forma de estudo]

Os pais devem contar e ensinar aos filhos as misérias do passado. Um exemplo concreto (na prática do velho) da linha errônea de Lin Piao? – Instalação dos jovens instruídos nos campos. [Sempre Retórica muito geral do início]. Ora, Lin Piao dizia que era trabalho forçado. Ora, ele, que teve dois filhos no campo, constatou que isso produzia uma grande mudança; por exemplo, antes, as crianças não sabiam como é a luta encarniçada entre camponeses pobres e proprietários de terras; agora sabem que no socialismo existe luta de classes [disposição exemplar de blocos para a resposta]. Ele é membro do PC desde 1949, ela três anos depois. Desde Mao, ela leva vida feliz. Ela: toma a palavra: Topos do Passado execrável (pés enfaixados, não comer todos os dias)! Sua infância nos velhos tempos? Biografia, doze horas

por dia, foi espezinhada, destruída pelo patrão; por isso o amor desmesurado de sua família pelo presidente Mao.
Bloco: "a linha revolucionária traçada pelo presidente Mao".
Carta siderúrgica, cinco pontos (passo): duas participações, uma reforma, três Alianças (= Aliança tríplice).
Lin Piao: preconizou o estímulo material e a administração da fábrica pelos técnicos.

[Aqui enfrentando em cheio meu velho inimigo fascinante: Estereótipo = Dragão]

Saída (tempo bom). Densa multidão de crianças em fila compacta, que nos aplaudem.
Caricaturas de Lin Piao (no jardim da fábrica): calvo, não é chinês, parece André Gide.
11h50. Fim da Visita.

[Grupo subindo, movimento da *Marselhesa* de Rude. Chamemos a isso Figura α – derrisão do objeto a[46]].

[Finura de um velho dirigente do Partido: isso quer dizer que ele *dispõe* bem e *adapta* bem os blocos – mas não inventa nada de seu material]

[Nós: nossos elementos combináveis são as Palavras; eles, escala superior: blocos]

....
46. O objeto "pequeno *a*", muito em moda na década 1970, designa em Lacan o objeto de desejo como falta.

Tarde:
Fonte Termal de Hua Tchin Tchen[47]

Campo plano e verde (tempo bom), cinquenta minutos de carro. No sopé de uma montanha, Pagode vermelho, escadarias de entrada...

Salão muito perfumado, cortinas verdes, penumbra, grandes caligrafias. Chá.

Boas-vindas aos amigos franceses. Exposição sobre a fonte. 25 km de Sian – 2.800 anos.

Fonte conhecida pelo incidente de Sian, 1936 (12 de dezembro): o imperialismo japonês ocupava três províncias, queria espalhar a agressão pelo restante da China. Para resistir energicamente àquela agressão, o presidente Mao e o PCC lançaram grande apelo à resistência e à solidariedade de todo o povo chinês; resistência das massas populares; dois exércitos do Kuomintang atenderam ao apelo: resistência, e não guerra civil, e pediram a Tchang Kai Tchek que renunciasse à guerra civil; pedido rejeitado por Tchang Kai Tchek, que viera em pessoa para dirigir o ataque contra o exército vermelho. Mas os dois exércitos se uniram à resistência. Tchang Kai Tchek foi preso em 12 de dezembro de 1936.

Depois do incidente, o PCC e Mao decidiram resolver o problema por vias pacíficas. Em 16 de dezembro: Chu En-Lai

....
47. Fonte antiga de águas termais em Huaqingshi.

dirigiu uma delegação do PCC a Sian. União contra os japoneses[48].
[Há sempre o homem das Boas-vindas e o homem da Exposição]
Elogio à solução pacífica.
Água boa: Dermatologia, Reumatismos, Estômago.

Lá fora. Pequenos pagodes quiosques. Grande lagoa de água suja.
Visitantes, pequenas guardas vermelhas. Colina verde acima.
Chorões. Não, a água não é suja: poeira dos chorões.
Caminhozinho coberto de quiosque em quiosque em torno da lagoa. Tudo ensolarado, ameno, leve, encantador.
Jardins. Jovens atores horrivelmente maquiados esperando o quê?
Muita gente nos olhando, estupefata.
Na montanha, vê-se o pavilhão onde Chang Kai Tchek foi preso.
Eles se fotografam em grupo.
Tempo bom e quente.
Tanque sob uma abóbada, é a fonte. Pilriteiros brancos em trepadeiras.
A Casa de Chang Kai Tchek.
Sob um largo telheiro do Pagode, grande caligrafia vermelha de Mao.

---

48. Desde o início da década de 1930, o Japão ocupava a Manchúria e fazia incursões em território chinês. O Partido Comunista conclamava à união, mas Tchang Kai Tchek (Jiang Jieshi) queria aniquilar o Exército Vermelho antes de lutar contra os japoneses, o que provocava reações nacionais chinesas. Ele foi preso em Sian (X'ian) em 12 de dezembro de 1936 por um de seus generais, o jovem "senhor da guerra" Zhang Xueliang, que batera em retirada com suas tropas da Manchúria. No entanto, as negociações realizadas sob pressão do Komintern ensejaram a libertação de Jiang Jieshi e a suspensão das hostilidades contra os comunistas. Alguns meses depois, "o incidente de Sian" redundou numa frente única do Partido comunista e do Kuomintang contra o inimigo japonês.

No jardim, a trupe vai representar diante de um círculo popular improvisado. Peça Pilin Pikong.
Nós nos sentamos no chão à frente.
É uma "equipe de propaganda".
[Camada enorme de fundo de tez ocre, tanto rapazes quanto moças. Olhos muito marcados]
[Estou no sol, sinto muito calor]
Dança de moças muito sorridentes – sorridentes com toda a sua maquiagem: são colhedoras que vão acatar o bom exemplo de Tachai.
Solo de flauta. Fornecimento ativo de cereais ao Estado pelos camponeses.
Canção alegre sobre as estepes. [Estar "à vista"]
Canção Pilin Pikong. Quatro moças com banquetas. Preleção de uma delas: vão fazer solas (?) mas nas horas de folga farão crítica (elas fazem gestos de costureiras de solas). Uma está com muita raiva de Lin Piao (passagem de todos os temas Pilin Pikong). Cenazinha entremeada de música.

Há alguns (sobretudo crianças) que têm expressões de gentileza extrema.

Mictórios, onde peço para ir. Três estão mijando, coletivamente. Não parecem ter pressa.
Oferecem-nos um banho. A mim era destinada a banheira do Imperador, mas no final das contas ela está em conserto. Banheira normal, grande tina com jato forte de água quente a 43º,

um pouco salgada, duas toalhinhas, pente. Todo o nosso grupo faz o mesmo nas cabines vizinhas.

[Em suma, Mao: um logoteta[49]. O logoteta substitui o Nomoteta]

Retorno ao Salão, Chá, Penumbra. Os outros, tocados pela graça, se extasiam com aquele banho quente.

No Túmulo de Qin Shi Huang Di, Imperador dos Legalistas, caro a Ph. S. (em comparação com Mao). Explicação do diretor da Fonte. Colina aplanada (é o túmulo), sozinha num imenso campo de trigo já bem alto, uma estela alta e estreita.
O primeiro imperador que unificou a China.
Vastíssimo campo, são 17 h, tempo bonito, montanha ao longe, vozes distantes.
Esse Imperador: representante da classe ascendente dos proprietários de terras (247 a.C.).

Os outros sobem no alto do túmulo. Fico sozinho e me sento no chão de um pomar, acima do campo de trigo, diante do horizonte, vasto, leve, verde. Algumas construções de tijolos rosa-bege poeirentos, música distante. Um campo bege-acastanhado, com grandes sulcos ondulados. Árvores aqui e lá, ao fundo. Ruído de motoneta invisível.

....
49. Ou seja, como referência à etimologia, um "fundador de língua": Sade, Fourier, Loyola são "Logotetas, fundadores de língua" *(Sade, Fourier, Loyola,* OC III, p. 701). Os "nomotetas", em oposição, são "fundadores de leis" (na antiguidade grega, o termo designava os membros de uma assembleia legislativa).

| *Cadernos da viagem à China* |

Retorno de carro através do belo campo com F. W. Menos gente.

[Aos dezesseis anos, os rapazes são muito bonitos. Depois não. (Boca sensual)]

Noite: Balé *A moça de cabelos brancos* por um grupo da Província.
O Teatro: um grande Pagode. Povaréu. Uma camponesa velha com um lenço branco; a sala não está cheia. As pessoas se entediam um pouco.
De propósito, para não nos misturarmos, sempre nos fazem chegar em cima da hora, o carro para nas escadarias e chegamos depressa, como que furtivamente (apesar de observados por todo o público), a nossos lugares nas primeiras filas.
Grande Orquestra clássica, no poço, com cantores do coro apinhados (uníssono viril e correto do tipo russo). A abertura, é Weber. O resto, Tchaikovsky. F. W. diz sobre o argumento: é *Jocelyn*[50]; acrescento: sobre música de Tchaikovsky, dançado como *Giselle*. Numerosas pontas, muito bem-feitas, mas elas só fazem isso.

....
50. Famoso balé revolucionário chinês, *A moça dos cabelos brancos* põe em cena a história de uma jovem obrigada a fugir para uma gruta da montanha depois que seu pai morreu surrado por ter-se recusado a casá-la com um velho proprietário de terras. Em *Jocelyn*, poema de 8.000 versos, que seria o último episódio de uma longa epopeia humanitária (1836), Lamartine celebra a grandeza do sacrifício. Quando está no seminário, Jocelyn foge do Terror e se esconde numa gruta do Delfinado. Ali, dá refúgio ao filho de um proscrito mortalmente ferido, na realidade uma moça, de quem se apaixona. Mas precisa renunciar ao casto amor para exercer o sacerdócio.

Sempre dou um jeito de me sentar na extremidade da fila – para ficar ao lado de um chinês (este aqui, muito proleta, sorridente e distante).
Bailarinas: mais graciosas, menos musculosas que as ocidentais. Como a heroína precisa envelhecer, troca-se de bailarina, com muita rapidez, no meio – com uma gradação de perucas.
Entreato: passamos escamoteados, pela porta lateral da orquestra, para um salão. Chá. Belíssima foto de Mao. Caligrafias em ouro. Quando voltamos, metade da sala se levanta para nos ver melhor.
A segunda parte (tema do Vermelho vitorioso) é adocicada. O positivo sempre acaba mal.

CADERNO 3

| **Caderno 3** |

Sábado
27 de abril   manhã   Museu da província   174
SIAN   tarde   Bureau VIII Exército   178
                           Muralha   181
                           Pagode Gansinho Selvagem   181
                almoço   Restaurante   182
                noite   Ópera   182

Domingo
28 de abril   manhã   Avião de Sian a Pequim   184
SIAN-PEQUIM   tarde   Pequim: Compras   186
                noite   Voleibol   186

Segunda-feira
29 de abril   manhã   Grande Muralha   190
PEQUIM   tarde   Túmulos dos Ming   191
                     noite   Jantar Alain Bouc   193

Terça-feira
30 de abril   manhã   Instituto das Minorias
                              Nacionais   194
PEQUIM   tarde   Compras Antiquários   201
                     noite   Jantar Tual

Quarta-feira
1º de maio   manhã   1º de maio nos parques   202
PEQUIM   tarde   Parque das Minorias   207
                              Palácio de Verão   208
                     noite   Ginástica (espetáculo)   210

Quinta-feira
2 de maio   manhã   Sessão perguntas
                              Luxingshe   212
PEQUIM   almoço   com Mavrakis e Luccioni   214
                     tarde   Templo do Céu   214
                              Compras
                     almoço   com Bouc   215

Sexta-feira
3 de maio   manhã   Universidade de Pequim   217

| *Cadernos da viagem à China* |

PEQUIM	almoço	Almoço na Universidade	224
	tarde	Universidade de Pequim	
	jantar	Jantar Luxingshe	233

Sábado 4 de maio
Pequim-Paris   234

Sábado 27 de abril
(Sian).

Insônia, Enxaqueca. Levanto-me às seis horas.
Tiramos nossas malas dos quartos

[Em suma, dois problemas:
1) Censura, recalque do significante. Apagamento do Texto em proveito da linguagem?
Esse problema tem relação com a pergunta: que forma de Revolução é pensável na França, onde o jogo da linguagem é diferente, específico?
2) Existência, natureza e lugar do Poder. Esse problema é clássico; relaciona-se com as divergências internas do marxismo: stalinismo/trotskismo/esquerdismo]

Por sinal, o tempo está muito nublado e sombrio, muito brumoso.

O café não tem absolutamente gosto de café, mal e mal aparência de café – tão claro que a gente muitas vezes não sabe se é chá; mas com um pouco de leite, dá, vagamente, a ilusão de café com leite e basta.

Nossos passaportes? Sem problema: hoje à tarde, ou em Pequim!

Chove, chuvisca.

No Museu da Província. Guarda-chuvas. Jardins. Pavilhões. Quiosques, pórticos tipo Pagode.

Duas mulheres nos esperam.

Olha só! Nada de Salão-Boas-vindas!

Museu

Sala: História das cinco Dinastias. Granizo. Escravagismo e Sociedade feudal. Quadros. Objetos de bronze empoeirados. Isso promete ser chatíssimo. Mas lá fora o jardim é bonito sob a chuva leve, muito cheio de folhagens com estelas, elementos de Pagode com montantes vermelhos, pinheiros, roseiras – lugar mais francês que japonês. Arbusto gênero agave (há deles em Urt)[1].

[Problemas com o avião (vento em Yenan), cochicham. Como é triste e angustiante!]

Chegamos com muito custo aos objetos de ferro.

---
1. Lugar onde ficava a casa de campo de Roland Barthes, perto de Bayonne.

[Será que não se pode falar – aplicada à História, como o faz intrepidamente nossa guia ao comentar o devir das vitrines – de uma *fantasmática* marxista?]

Dois camponeses, de paletó acolchoado, cabeça completamente raspada, com alforje, cachimbo da paz.
O acesso do popular aos Museus, aos Espetáculos, é impressionante.

[Significante: mais que censura, dizer "silenciamento"]
[Ação de silenciar]

Outra sala (= dos Tang) também longa (isso promete) – com mais quadros "reconstituintes", estilo soviético (as personagens são incrivelmente pouco chinesas). É o estilo Quadro histórico, Laurens[2].

[De resto, todas as figurações públicas painéis, cartazes, apresentam morfologias europeizadas e virilizadas. Nenhuma relação com o *corpo* chinês]

Os objetos tornam-se mais próximos, mais humanos, cerâmicas, seda, estatuetas coloridas, jade, taças de metal prateado etc. Belo afresco com azuis e vermelhos, mas está coberto com um plástico de cozinha.

---
2. Trata-se de Jean-Paul Laurens (1838-1921), pintor de cenas históricas.

Pausa num salão bastante frio. Chove. Discussão: como as condições meteorológicas estão ruins em Yenan e há o risco de não poder aterrissar e, principalmente, de partir a tempo para o 1º de maio, devemos partir diretamente amanhã para Pequim?
Entrega de insígnias: um Cavalo Tang.

Retomada da visita. Sala de esculturas de pedra. Animais (dos Han aos Tang). No fim da sala, Budas: finalmente aparece o corpo, mesmo velado.

Nessa sala, falamos com admiração de Melville, com Ph. S.

Até que enfim últimas salas: Floresta de estelas. Grande coleção de caligrafias sobre pedra.
Estela com menção da entrada dos nestorianos (século VI, início dos Tang). Elogios a imperadores, histórias, biografias: a maioria confucionistas. "Pode-se receber educação da face negativa".
[É mesmo só com o negativo que se faz arte]

Mao: estilo cursivo, estilo Huai-Su (um monge).

Para mim, este museu é de um tédio mortal.
Sobre uma grande estela preta, um grande retrato gravura linear de Confúcio, barbudo, e de touca.
Outra estela, um caniço cujas folhas são caracteres.

Última sala: estelas confucionistas. Treze livros clássicos. Alguns quadrados de caracteres estão circundados por um traço de giz branco: "moderar-se e voltar aos ritos".
[Na verdade, são *dazibaos* contínuos]
Sobre uma estela, trigramas. No início em relação com o clima, o tempo. Mas depois os imperadores os usaram como elementos religiosos para enganar as pessoas.
11h30. Saída do Museu. Já não chove, mas está nublado, venta e faz frio.

[Primeiro Problema: Extenuação, Raridade do significante (em relação com a censura religiosa) = é o nível de nossa viagem. Quanto ao Segundo Problema (político), opacidade completa – que provavelmente pode ser tratado com base em documentos, sem vir aqui.]

Significante: não inserir nele a Indumentária; aqui, está ao lado do significado.

12h. Nossas malas subiram de volta para nossos quartos. Não vamos para Yenan.

Decididamente, há moças demais neste país. Estão em todo lugar.

Parece que pediram nossas passagens de avião para amanhã de manhã com destino a Pequim (Yenan portanto parece eliminado) (está ventando demais em Yenan).

Tarde

O tempo está quase bom.

Bureau administrativo dos Assuntos do VIII exército

Casa antiga e limpa. Salão, Chá. Recepção: ela, mão mole. Ele ex-soldado do VIII exército. Boas-vindas. [Salão nu de pedra. Retrato de Mao e dos outros quatro]
É a mulher de mão mole que faz a Exposição.
Organismo criado pelo PCC na região dominada pelo Kuomintang. 1936, depois da Solução Pacífica incidente de Sian, nosso partido criou este Bureau para organizar as massas populares na guerra de resistência. 1937, cooperação entre Kuomintang e PCC → Exército Vermelho → VIII Exército (setembro de 1937). Recrutamento dos jovens patriotas e progressistas, enviá-los a Yenan[3]; compra das provisões para o front e para a região da retaguarda (Yenan). [Blocos sobre a luta]. Depois, guerra civil. Bureau mudou-se para Yenan em 1946. Nosso bureau lutou nove anos na região contra a dominação Kuomintang.
Visita.
Sala de recepção do Bureau. Milhares de recrutas para Yenan: 1938: 10.000 pessoas [Pequeno aposento nu]. Neste momento, no aposento, jornais e obras. Itinerário Sian-Yenan na pa-

---

3. Ponto de chegada da Grande Marcha em 1935, Yenan (Yan'an) tornou-se a capital comunista, na principal base constituída pelos comunistas ao Norte de Shaanxi, e foi o ponto de partida da conquista do poder. No âmbito do acordo entre o Partido Comunista e o Kuomintang para uma "frente única" contra o agressor japonês, o Exército Vermelho tornou-se em 1937 o 8º Exército móvel.

rede: 400 km mas muitos controles do Kuomintang: a pé, no fim, às vezes, de caminhão. Em Yenan, entravam em Institutos técnicos. Havia também uma Universidade de mulheres.

Outro aposento: garagem. Foto de um velho automóvel (para o representante do Partido) um Ford? Para material proibido.

Outra foto: o caminhão do Bureau, com dois sujeitos em cima. [Casa de madeira escura, teto de vime, pátios internos com arvorezinhas, paredes brancas, tijolos pretos]

Salão. Entrevista entre Encarregados e Kuomintang. Foto de Chu En Lai bigode e barbicha (1935)[4].

Ao lado, dormitório de Chu En Lai. (Seus livros marxistas). Retrato de Sun Yat Sen.

Outra sala: Escritório do bureau administrativo e sala de reunião. Artigos de Mao. Telefone velho. Retrato de Mao jovem, túnica e boné com estrela vermelha.

Subsolo: num buraco: rádio emissor.

Num pátio, quartinho.

A cozinha (Bloqueio do Kuomintang).

No pátio, poço de água amarga.

Muitos pequenos pátios internos, o que se ilumina com[5]:

Sala com grande maquete. A casa atual: num subúrbio = "Aldeia" dos Gênios*[6] (lugar ocupado pelo Bureau durante a colaboração

....

4. Chu Enlai desempenhou papel ativo nas negociações com o Kuomintang na época do "incidente de Sian" e durante o período anterior ao acordo dos dois partidos. A "frente única" de comunistas e nacionalistas, porém, não deixou de comportar lutas. Jiang Jieshi estabeleceu um bloqueio da base de Yan'nan e das outras bases comunistas até o ataque japonês em maio de 1941.
5. A frase está incompleta.
 * De fato um bairro então afastado.
6. Leitura por conjectura.

com o Kuomintang). O tema é: vigilância do pessoal do Bureau pelo Kuomintang (agentes secretos e postos de observação). Etc. (estou cheio).

Fotos: Mao e Chu En Lai. Mao de cabelos compridos. Várias fotos de Mao na época.

[Tudo isso interessante pelas Fotos]

Retorno ao Salão. Intervalo.

– Perguntas ao velho camarada? – Fazemos três: 1) Lin Piao na época? "O mais próximo companheiro de armas do presidente Mao"? Na verdade, comandante sob as ordens de Mao; aliás, cometeu erros militares corrigidos por Mao. [O velho apara definitivamente o ataque de Ph. S. com o bloco "Duas caras" e "Processo de Revelação e Processo de conhecimento"*].

[Belo bloco duplo].

[É uma verdadeira Escolástica. Rever os blocos da Escolástica]

[O velho é muito blocado]

Ajuda dos soviéticos? – Ajuda de Stálin, claro, ajuda econômica. E apoio moral do povo soviético.

Origem das verbas? Vinham de Yenan: em Yenan, a população guerreava e produzia. Os camponeses davam cereais e impostos: indústria, comércio exterior (com o Kuomintang!): sal, produtos médicos. Pecuária. Lã.

A separação de Stálin vem quando Stálin não se separa do Kuomintang (relações diplomáticas persistentes) cuja linha é: luta ativa contra o PCC e resistência passiva aos japoneses. Ruptura

---

* São dois blocos diferentes, pois é possível encontrar um e não o outro – mas não o outro sem o um: implicação simples.

oficial entre Kuomintang e PCC: 1943. Mas numerosas rupturas de fato antes[7].
O Velho: dirigia um pelotão de quadros do partido no Bureau. Combateu, fez uma parte da Grande Marcha. Fim da Visita.

Parada na Muralha

Sian: para me lembrar: a cidade dos tiras com uniforme (paletó branco, boné, cinto) de oficiais czaristas. Muito Encouraçado Potemkin[8].

A Grande Muralha (uma ponta na cidade): nenhum interesse, a não ser o interesse tautológico* da fotografia! Multidão compacta apinhando-se para nos ver.

Pagode do Gansinho Selvagem

Paramos, mas ele só pode ser visto de fora ("pode ser fotografado"), pois a parte de dentro "está em reforma".
Pioneiros aplaudem. É sempre assim! Tempo lindo – vento.

16h45. Volta ao hotel. Anunciam que partimos à noite para Pequim, pois amanhã não há lugares e segunda-feira não há avião!

....
7. A guerra civil declarada começa oficialmente em 1946, mas é precedida por numerosos incidentes armados.
8. O filme de Eisenstein (1925) põe em cena o motim dos marinheiros do Encouraçado Potemkin em junho de 1905 em Odessa, na Rússia czarista.
 * ou melhor: autonímico*[9].
9. Autonímia qualifica o emprego de uma palavra (um enunciado) designada como signo no discurso ("Gato" tem quatro letras). Roland Barthes aplica essa reflexividade à fotografia.

17h. Não temos certeza de que partiremos à noite (já que as malas foram refeitas)! Que imbróglio! Difícil de interpretar. Esperamos no quarto de F. W.
17h15. O avião para Pequim foi cancelado (venta demais)! Nossas malas são levadas de volta aos quartos! O avião partirá amanhã de manhã, se as condições permitirem! Sensação de atoleiro. Assim mesmo angustiado. Um pouco de álcool todos juntos no meu quarto. Assim mesmo estamos preocupados, com muitas dúvidas. Para me confortar, me dou ao luxo de um charuto.

Eles manejam os blocos (disposição, soma) como ideogramas.

No Restaurante! Vamos sozinhos, sem intérpretes. Escamoteação perfeita: o coizinheiro nos espera na rua e nos leva depressa, com reverências e sorrisos, para um salão por atrás (bastante sinistro! tipo garagem adaptada).
Comida deliciosa (grande peixe caramelizado, prato de ervas e carnes que tem um gosto finíssimo de milho e camarão). Bebemos um pouco de Maotai[10]
Saída do Restaurante: aglomeração imediata, o cozinheiro nos acompanha e afasta com autoridade a multidão importuna.

Chegada à Ópera. Mesmo roteiro: carro até a extremidade da escadaria de entrada; vamos correndo para nossos lugares, olhados por toda a sala.

---
10. Bebida alcoólica à base de sorgo.

Cadernos da viagem à China

O público mais popular que já vimos. Soldados, indígenas com casaco de pele de carneiro, mulheres com crianças, velhas.

Programa: *A Montanha das Azaleias:* espécie de ópera cômica heróica com diálogos enfáticos, árias cantadas e números acrobáticos. O sentido é a exaltação do Partido como pensamento correto em relação aos ímpetos bem intencionados, mas errôneos. A orquestra é tradicional.

Sempre excessivamente maquiados: fundo de tez ocre violento, que deixa a orelha branca. Os Rubicundos: são os Bons. Os Malvados são mais pálidos, de preto e de túnica (proprietários de terras).

Declamação artificial, à japonesa. O vocal e o acrobático (são acrobatas prodigiosos –nas cenas de marcha, de combate) são típicos da província (de Chang Si): muito bonito. O vocal, rouco, melopaico se assemelha ao árabe, ao flamengo. O ator gordo é virtuose e aplaudido pela intensidade, decisão e sustentação de suas melismas (como uma cantora árabe).

Poses de quadros vivos – Figura α[11]

Outra vez uma Mulher, a Heroína (é membro do PCC).

Os gestos codificados, excessivos, são pontuados por matracas, baterias. (Cf. ênfase de Baudelaire[12]). Os atores têm voz de *castrati*.

O ator gordo vai fundo como se fosse tragédia grega.

....
11. Ver Caderno 2, p. 160.
12. Roland Barthes cita várias vezes a expressão de Baudelaire sobre Delacroix: "a verdade enfática do gesto nas grandes circunstâncias da vida" (*Curiosités esthétiques*). Constitui a epígrafe de "Le monde où l'on catche" *(Mythologies)* e se encontra em *Roland Barthes par Roland Barthes* ("Le numen", OC IV, p. 709).

Saída outra vez insana: a sala em pé, formando fileiras, nos aplaude. Multidão em torno dos carros.
Turismo de Reis.
Toda a viagem: atrás da vidraça dupla da língua e da Agência.

POVO ADORÁVEL.

Domingo 28 de abril
(Sian-Pequim)

Dormi mal, apesar do sonífero dado por Pleynet. Acordei muito cedo. Tempo nublado, parado. Será que partimos para Pequim agora de manhã? São sete horas.

O tempo abre, maravilhosamente claro e ameno. No Aeroporto, vazio, mas o aviãozinho (bimotor) está cheio (Iliuchin 24). (Sujeitos de bonés, soldados).

8h. Decolamos. Embaixo, plantações, campina verde, demarcações.

Balas, Cigarros-Fósforos, Chá. Embaixo, plantações, plantações, parece que em colinas.
China: Bege e Verde-claro.
Fica montanhoso, com rios secos que cortam e dividem o relevo.

9h10. Voltou a ficar plano. Demarcações beges com manchas verdes; tempo lindo. Descemos em direção a Tai-Yuan, escala.
Descemos do avião. Sol. O ar é de uma pureza extrema, delicioso como uma xícara de chá.
Aeroporto pequeno e novo, muito limpo. Salão. Chá.
Todos compram garrafinhas de "vinagre" (de sorgo), para cozinhar, especialidade do lugar.

Partimos de novo. Embaixo, paisagem um pouco recortada como nas pinturas. Depois volta a ficar tudo plano.
Servem-nos duas maçãs que cada um descasca minuciosamente ao redor, faca parada e maçã girando.
Aterrissamos em Pequim às 11h30.

Pequim

Belíssimo dia. Quente. Duas cartas de Mam, mas antigas.
Hotel Minzu, o quarto e a comida são melhores que na primeira permanência.
Sentimento geral de reconforto por voltar a uma capital (no entanto, ao que parece, bem ingrata, pelos espaços perdidos, sem dar ainda nenhuma sensação de *cidade*).

Café todos no escritório de Alain Bouc, correspondente do *Le Monde*. Primeiras notícias da França.
Agitado, apesar de muito cansado, não consigo dormir. Insônia persistente.

15h. Tempo pesado. Vamos sair para fazer compras.

Incidente entre nosso motorista e um guarda de trânsito. Nosso motorista é violento. O tom sobe, chega outro guarda.*
Tour pela cidade, ampla, abundante, animada.
O incidente não acabou; o micro-ônibus está estacionado há cinco minutos em plena avenida; um guarda de cabine está telefonando. Nosso guia está na cabine, tentando parlamentar; é complicado. Mais cinco minutos, ainda parados. O primeiro guarda volta para falar com nosso motorista, mais calmo, mas ainda indignado com razão (no entanto, deve ter avançado um farol vermelho). Nosso guia volta. Partimos, sem entender nada.

No Magazine da Amizade (para Estrangeiros): horrível, sinistro. Algumas compras. Terno? Não há tempo por causa do 1º de maio.
Compra no Magazine Popular: Muito melhor. Muito bem abastecido, opulento, divertido. Paletó, boné, garrafa-térmica-vime. A compra me reanima. Descobrimos Pequim. Até que enfim uma *Cidade*.
A viagem ganha um jeito diferente, mais familiar, mais vivo, de melhor humor.

Noite: Partida de voleibol. Feminino China-Irã (?). Sala imensa, limpa, muito bem iluminada (18.000 lugares). Muitos lugares vazios.

....

* Decididamente, os conflitos aqui são automóveis.

[Zhao nos devolveu (finalmente) passaportes e passagens de avião. Dia propício]

Match

Diferença de corpos. Iranianas: pulsão raivosa, na garra ≠ chinesas: saque elástico e matemático. Dá logo para ver que as iranianas vão perder.
Sala muito moderna; não tem cheiro de granizo.
Multiplicidade de bolas no treino, como bolas de neve.
Iranianas: exibicionistas, gritando, histéricas. Chinesas: tranquilas, frias.
É muito engraçado! Chinesas, todos os tipos de saque: rudes, sorrateiras quando ninguém espera etc. As iranianas conferenciam com seriedade; corajosas, mas não têm linha correta.
Encheu, com muito atraso. Gente passando o tempo todo na nossa frente.
Iranianas, exuberantes, ancudas, têm cada peito!! Chinesas, assexuadas.
Com frequência mostram o traseiro – caem demais – em vez de se recomporem com uma pirueta completa, como as chinesas, e gritam.

Ao meu lado, dois rapazinhos deliciosos: 14-15 anos? Estão trocando de voz e discutem o jogo com distinção (algo de britânico no sotaque chinês, às vezes). Algum mandarim ou grande proprietário os teria achado uma delícia.

8h45. Naturalmente as chinesas ganharam os três sets.
Depois os rapazes.
Chineses: a própria essência do corpo é lisa. Pernas lindas.
[Ao meu lado, os dois rapazes discorrem como dois pequenos lordes ingleses]
Os iranianos são brutos, os chineses um pouco simplórios; vão perder? Sempre o matriarcado! A força sobrepujará a linha correta?
Os chineses perderam o primeiro set; mas agora, mudança do jogo chinês, virada total (9 a 1). Não, ficam sem fôlego e voltam a perder (9-8). Sempre o matriarcado.
[Um menininho francês, que acaba de chamar o pai, está fazendo gracinhas na escada. Os chineses sorriem, mas não participam]
Os chineses estão perdendo de uma vez por todas.

Segunda-feira 29 de abril
(Pequim)

Outra vez acordei anormalmente cedo e com enxaqueca. Lá fora, nublado.

Desde que saí de Paris, por causa da angústia ou da curiosidade, enfim do investimento exterior, nenhum movimento do sexo – a não ser intelectual. Mas de novo na grande cidade, um pouco descontraído, a coisa volta. Sonho esta noite (mas parisiense).

7h30. Sob minha janela em balcão, a avenida e boa parte de Pequim, tetos de telha poeirenta, castanho-rosados. O céu está nublado, mas o sol tenta aparecer.
Desjejum com Alain Bouc.

9h. Partida no micro-ônibus para a Grande Muralha e os túmulos dos Ming. O sol se levanta, mas encoberto. Não faz muito calor.
Passamos todos pela Luxingshe para acertar questões de dinheiro. Pleynet e eu recuperamos 107,45 dos 4500 F que tínhamos enviado de Paris. Recebidos num salão bem triste. O imóvel tem cheiro de granizo; nenhum local público.
No micro-ônibus vou na frente, ao lado do motorista.
[Bouc assim mesmo fez a pergunta: tudo o que a viagem nos custa, será que valia a pena?]
Saída dos subúrbios muito longa, muito povoada. Tempo tempestuoso.
Campo plano, verde, estrada sempre muito cheia.

[Sobre o ponto I[13]. Censura do significante pelo *signo* stalinista: cartazes, quadros (o pintor parece que nunca viu um chinês e uma chinesa), linguagem]

Micro-ônibus sem amortecedores. Solavancos de alto-mar.
Significante: barrado pela feiura dos objetos (Magazines da Amizade).

10h30. As montanhas aparecem ao longe.

....
13. I. de Ideologia ou de Imaginário?

Surdez total de todos à buzina. O que isso quer dizer? Surdez a quê?

Retalhos de conversa de Ph. S. sobre a França, a literatura. Gozação em jato contínuo.

Avançamos pela montanha. Acompanhamos um vale no meio da subida. Muito nublado.

[O único com quem vou precisar ter paciência é Ph. S.]

Ele engana os chineses, que apoiam com gargalhadas ingênuas cada uma de suas tiradas.

Ao longe se avista (estamos subindo em ziguezague) uma ponta da Grande Muralha.

Vimos pouquíssimas flores durante a viagem, pouquíssimas árvores frutíferas em flor (ao contrário do Japão), talvez por causa da primavera muito avançada: mas e as flores?)

Grande Muralha

Chegada ao pé da Grande Muralha. Estacionamento. Gente.

Primeiras obras: na época dos Reinos Combatentes, há 2.500 anos; primeiramente: muros uns contra os outros. Unificação feita por Qin Shi Huang Di –5.000 km. Eficaz na época (contra os cavaleiros). Forma atual: Ming.

Nublado, frio, glacial mesmo. Muita gente indo e vindo. A montanha ao redor é pelada. Embaixo algumas árvores frutíferas em flor.

Comprei uma maçã e comi. Como em todos os pontos turísticos do mundo, há como comer (uma espécie de mercearia), beber (chá), mijar, há uma caixa de cartas e faz frio.
Descemos de volta à planície. Bifurcação em direção aos túmulos.

Túmulos dos Ming

Treze túmulos disseminados. Campo plano e verde. Montanha ao fundo. Macieiras em flor.
Piquenique num salão adjacente à entrada do espaço do décimo terceiro túmulo. Caixa de papelão do hotel: ovos duros, frios, pato, bolo, maçã, cerveja. Tempo bonito.
Caráter extremamente plácido de todos esses lugares.
Plácido: relva macia, árvores amarelas plantadas em pomares.
País incrivelmente plácido. Aliás, eles falavam o tempo todo de paz (Nomes de cidade, Paz Celestial etc.).

Visita ao Túmulo do décimo terceiro Imperador, fim do século XVI – início do século XVII[14]. Pinheiros, Pórticos, Quiosques-pagodes, Tetos de pagode. Escadinhas. Cabanas com chá, cartões, fotos.
Cabana Exposição dos objetos encontrados no túmulo.
Faixas de jade de um verde maravilhoso. Cinto de jade.
Maquete realista grande e horrível: opressão, revolta dos Camponeses, arrendamento forçado, venda de filhos.

---
14. Dingling ("Túmulo da tranquilidade"), de Wanli (1573-1620), décimo terceiro imperador Ming.

Coroa, da Imperatriz: azul e pedras: *kitsch*. Jardim, Lilases, Peônias.
Uma grande escadaria moderna desce ao túmulo, imenso, verdadeiro palácio subterrâneo.
Naturalmente, no túmulo, quadros soviético-realistas sobre a opressão dos camponeses.

Lá fora. Outra cabana. Mostra: Revolta, *Jacquerie* dos Camponeses. Quadro: Movimento de camponeses antigos. Têm a bandeira vermelha!

Pequena viagem pelo campo de micro-ônibus. Outro túmulo (do terceiro Imperador), este não escavado[15]. Mas é muito bonito, talvez o espaço mais bonito que já vimos: Pagodes, Pinheiros, Palmeiras, Pequenos pátios internos, pórticos etc. Azul, vermelho, verde.

15h. Tempo muito pesado.
Maravilhoso jardim: flores abundantes, árvores em flor, pequenos quiosques amarelos: são queima-livros![16]
Grande sala de pagode: vazia com imensas colunas de madeira. Lindo. Palácio do Espírito do Imperador defunto. Colunas, madeiras castanhas, teto verde, paredes com painéis bege-claros orlados com um filete turquesa.

---
15. Changling, túmulo de Yongle ("Alegria eterna"), terceiro imperador Ming (1402-1424).
16. Roland Barthes provavelmente faz referência às pequenas estruturas esmaltadas de amarelo, semelhantes a quiosques, encontradas ao redor de templos e monumentos, nas quais são queimadas oferendas de papel, seda etc. Terão queimado livros ali?

Visitantes chineses: pacatos, "sem atitude".
De repente num jardim: cheiro terrível de inseticida de [palavra ilegível]. Ou será uma árvore, uma pimenteira?

Partimos de novo. Parada numa aleia de animais de pedra. Fico no micro-ônibus: o motorista (o da briga da manhã) me sorri e solta três enormes arrotos, na maior inocência, decorrentes da ingestão de uma soda-limonada (morna).
Retorno por volta das quatro e meia. Telefonei a Christian Tual. Descanso.

Noite: jantar: no Restaurante com Alain Bouc. Perto do Hotel: pequeno restaurante popular: Restaurante Huai Yang.
Salão no alto, como sempre. Bouc pede os pratos e os vinhos de arroz.
Deliciosos bolinhos de lagostim, macios, gosto de farinha. Mistura de sal e especiarias (Tomilho, talvez Canela). Enguias do Yang Tse no alho. Raviólis no vapor, num grande recipiente de madeira. Outros pratos numerosos.
Toalhinhas duras.
Pão no vapor, frito, crocante: delicioso. E um bom charuto.
[Linha Pilin Pikong: sem dúvida simples, esquerdista. Movimento de retificação, não violento, não visa a derrubar. Movimento de complexização, burlando o pensamento de Lin, que visava a uma aplicação imediata e mecânica das citações Mao]

No hotel: Café e água mineral. Continuação da discussão.

Terça-feira 30 de abril
(Pequim)

Noite perturbada: telegrama de mamãe. Indigestão.
Hoje de manhã, quando copio as notas de ontem, lá fora, bela cerração de tempo bom.
Praga de Estrangeiros no Hotel: dois franceses (indústria) à nossa mesa de desjejum. Outros abarrotando o pequeno shopping do hotel.
Tempo lindo e leve.

No Instituto das Minorias nacionais

Construções isoladas num maravilhoso jardim (dia excepcionalmente bonito). Grande painel realista na entrada: Grupo das nacionalidades.
Escadaria de entrada, numerosos recepcionistas, alguns de terno. Um velho muito distinto, terno marrom sob medida (e boné marrom), muito Aragon.
Salão etc.
Boas-vindas e Apresentações: alguns "minoritários" (professores ou estudantes): Coreano, Kuang-Si, Nordeste da China – o velho de marrom, professor Li Ou Hai, historiador[17] – Mongóis, Han*[18] etc.

---
17. Provavelmente o historiador e antropólogo Lin Yaohua.
  * Hui, muçulmanos.
18. Os Han constituem o etnia majoritária da China. O chinês é a "língua Han". São consideradas minoritárias as etnias que falam uma língua "não chinesa".

[Belo salão, plácido, confortável. Caligrafia, mas não retratos. No canto, um piano de armário]
Exposição sobre o Instituto.
Formar dirigentes das minorias. China: país multinacional unido. Nacionalidade Han + 54 nacionalidades. Atenção especial do Partido e do Presidente Mao.
[O mongol (de túnica verde com galões de ouro): muito distinto e sexy]
Fundado em 1951 em Pequim (mas antes em Yenan). 9.000 pessoas formadas desde a fundação, cinco departamentos: 1) Rotatividade dos dirigentes para reciclagem (acima da Comuna Popular); estudos: um ano e meio; ao mesmo tempo recebem salário. 2) Política: dirigentes na base e política teórica: diplomados do secundário: estudos, três anos. 3) Línguas: formar tradutores das línguas das minorias: cinco seções: Mongol, Tibete, Uigur, Coreia, Cazaquistão. Diplomados do secundário + dois anos de três grandes lutas (Classe, Produção, Ciência). 4) Arte: três especialidades: Música, Dança, Pintura. Cursos fundamentais. Estudantes mais jovens: 12 a 16 anos. Estudos: três anos. 5) Cursos suplementares: cursos preparatórios. Estudos: dois anos. Curso de língua Han + conhecimentos gerais. Salários e Bolsas. Restaurantes especiais para muçulmanos [ao longe um som de flauta]. Instituto: 1.400 estudantes. 52 nacionalidades, no Instituto. Estudantes escolhidos pelas massas. Consciência política muito elevada. Solidariedade harmoniosa. Atualmente: revolução no ensino. Deficiências.
Programa da visita.

Visita

Pequena sala de exposição. Carta das minorias. Todas as minorias = 40 milhões em 1957. 6% do total. Cinco escritas no quadro.

Critério: cada minoria segundo a história, a cultura, a linguagem etc.

Vitrine: figuras de cinquenta e cinco nacionalidades. O han: um operário, boné e chave inglesa.

Grande quadro soviético-realista. Personagens numa escadaria forrada de tapete vermelho, em trajes folclóricos, todos sorridentes.

Vitrine de produtos locais.

Fotos de paisagens.

[Rostos chineses: a *decisão* do canto interno do olho]

Trajes e adornos sob um vidro.

Outra sala: a exploração das minorias antes da Libertação.

Opressão do Kuomintang. Criança com mão cortada por um proprietário de terras. Fotos-provas. Instrumentos de punição. Enterros de vivos nos palácios Lama. Olhos vazados. Mãos cortadas. Aprisionamento com escorpiões. (Tudo isso, Tibete região escravagista antes da Libertação: crimes dos proprietários de terras).

Crânios utilizados como tigelas, peles como tambores, ossos para clarins. Crimes abolidos em 1959, esmagamento da Contrarrevolução do Dalai-Lama[19].

---

19. A sublevação do Tibete contra a presença militar chinesa, na primavera de 1959, provocou uma repressão sangrenta. O dalai-lama precisou refugiar-se na Índia.

Todas as fotos impressionantes. Cavaleiro usando as costas de um escravo para montar a cavalo. Compra e venda de escravos. Outros painéis: cenas de revolta. Bases revolucionárias. Terceira sala. As Minorias e o Marxismo.

Jardim. Tempo lindo. Pelúcia das árvores.

Avião para Lhassa[20]: quatro horas. Apelo etnológico.

Visita: Aula de Tradução: Uigur. Mulheres, um pouco ciganas, usam grandes pentes sobre a trança aculturada. Uma tem um brinco.
Um rapazinho moreno, comovente, muito aplicado (ao lado de um soldado).
Outra classe. Tradução. Coreano. Já mais velhos. Aqui: *Dazibao*. Pilin Pikong. Sobretudo rapazes.
Biblioteca.
Jornais em montes de línguas e caracteres. Mesas de leitura com oleado branco.
Todos os estudantes: internos.
Jardim (que tempo sublime!). *Dazibao* em escritas de minorias.

Volta ao Salão. Perguntas agrupadas: 1) Linhas Liu[21] e Lin no Instituto: que problemas? 2) Como Confúcio era han, o que isso representa para as minorias? 3) Literaturas não escritas?

---
20. A leitura dessa expressão foi feita por conjectura.
21. Trata-se de Liu Shaoqi.

4) Hesitações atuais: detalhes? Religião, materialismo? Mulheres? etc.
1) Resposta do historiador das minorias: Antes da Revolução Cultural, Liu: linha contrarrevolucionária. Exemplos: admissão vinculada principalmente ao exame de admissão; antigo sistema de ensino; ficavam de lado grandes massas laboriosas; recrutamento limitado: proprietários, aristocratas, lamas etc. Atualmente, muito diferente: recrutamos estudantes Operários Camponeses Soldados. Antigamente, formavam-se apenas especialistas, com apoio nos intelectuais ainda não renovados; primazia do conhecimento profissional: Budas vivos vinham aqui estudar, assim como lamas reacionários que vinham dar aulas sobre os sacramentos etc. Os intelectuais burgueses dominavam o Instituto. Donde a necessidade de uma Revolução Cultural proletária. Depois: instruções de Mao para o recrutamento (Operários, Camponeses, Soldados); reforma dos estudos: antes, quatro ou cinco anos; hoje: três anos. Supressão dos cursos complicados; estudos ligados à prática. Ensino *de portas abertas* (ou seja, aprendendo-se junto a operários e camponeses). Vínculo dos estudos à sociedade concreta. Mudança no método dos exames: não mais recitar maquinalmente, exame *aberto,* capacidade de análise das coisas. Dominar os conhecimentos.
Estudantes voltam ao Tibete e à Mongólia e se familiarizam com a vida dos pastores. Temos necessidade de especialistas, mas de especialistas *vermelhos.* – Linha revisionista em nosso Instituto? Exemplo vivo: exame: antigamente recitava-se; os professores consideravam os estudantes como inimigos. Era

um sistema de exames copiado dos russos. [Estranhamente, ouvimos um clarim no jardim]. Atualmente: exame com tema aberto: é possível levar livros. – Outras coisas copiadas da URSS? Sim. A divisão dos cursos, pois haviam sido convidados especialistas soviéticos. [Lá fora, ouvimos na Rádio a Internacional]. [Vários respondem, um após o outro]. Linha revisionista soviética nas Escolas de Dança. [O tempo, tão gostoso, lá fora está com jeito de ficar encoberto]. Música: manuais, copiados da URSS. Só se podia compor música de cunho lírico, de tradição humanista: eram preferidas as formas de grandes dimensões, culto a Beethoven, a Tchaikovsky; não se queria conhecer a realidade, compor uma música revolucionária: sinfonia em lugar de canto revolucionário simples[22]. – Dança? Influência soviética: os estudantes procuram fama, lucro (tornar-se um especialista): *Lago dos Cisnes*[23]: não é a realidade do país; teatros ≠ região rural, de estepes, de montanhas etc. [cansado].

[O vento sopra um pouco como tempestade]

Música: piano: no passado, cursos, exercícios fundamentais, Beethoven, *Sonatinas;* e depois, não se podia tocar um canto revolucionário, uma marcha. [Cada um fala na sua vez, são muito tagarelas e de linha dura]. Às vezes, claro, exercícios fundamentais vindos do estrangeiro, mas limitado.

12h30. Não há tempo para as outras perguntas. Só a última sobre religião. [E W. diz do que veio antes: muito interessante.

---

22. Os ataques a Beethoven e à música erudita são um dos temas da campanha contra Confúcio e Lin Piao, desenvolvidos entre janeiro e maio de 1974.
23. *Lago dos cisnes*, de Tchaikovsky, balé criado no Teatro Bolshoi de Moscou em 1877.

Eu digo: que nada, previsível]. Religião: 1) liberdade de escolher a crença religiosa 2) liberdade de não escolher 3) propagar a teoria laica. Exemplo: Tibete, antes não se tinha o direito de não escolher a crença: uma criança por família devia tornar-se lama. Mesmo se tendo o direito de escolher, não permitimos que se promova a opressão com a religião. Tibete: antes: aristocratas, Dalai-Lama, classe superior. Tibete: reforma da religião. Sem dúvida existem templos, mas a maioria dos jovens, depois dos estudos, perde a crença; lamas voltaram a ser civis. [Eles não param!]
[A meu ver, a sessão não é interessante porque respostas inteiramente previsíveis; muitos blocos, mas de certo nível. Isso representa bem Pequim: eles são "instruídos"]
Religião: frequentada apenas pelos idosos; os jovens não.

Partimos (é muito tarde).
Ph. S. ainda critica a Religião. Tipo de estereótipo: o *prurido*.

Lembrando: a professora de piano: antes se aprendia *Oração de uma virgem*[24]. Ora, não é possível tocar essa peça sem passar antes pela Oração. Portanto, do ponto de vista materialista, rejeitar essa peça.

Esta viagem de três semanas: boa iniciação. Reciclagem marxista intensiva.

---
24. Em francês, *Prière d'une vierge*, peça para piano de Thekla Badarczewska.

[Atenção: os blocos talvez estejam na tradução, pois muitas vezes discurso abundante de alguém, que provoca riso nos outros, mas se reduz a um bloco, a um significado, quando sai traduzido]

Almoço: Hotel: à europeia.

Tarde
Compras

Comprei estampas.
Verdadeira ruela de lojinhas. Encantador.
Segunda lojinha. Vasos. Caro e muito feio. Tudo isso servido por velhinhos frágeis.
Outras lojinhas de estampas. Compra de pincéis de todas as formas. Compra de papel muito bonito.
No Magazine Popular, procurei meu paletó – comprei com Julia um violino de duas cordas.

Jantar: no restaurante com o adido cultural Christian Tual, dois estudantes franceses e Françoise Moreux, da Air France.
Sempre um excelente jantar: *brochettes* sequinhas (de carneiro), pato de Pequim (com crepes, caules de broto de cebola), bolinhos caramelizados de maçã.
Os estudantes falam de si mesmos.

[Fato incontestável: o completo bloqueio da informação, de qualquer informação, da política ao sexo. O mais espantoso é o fato de tal bloqueio ser *bem-sucedido,* ou seja, o fato de ninguém, sejam quais forem a duração e as condições de permanência, conseguir derrubá-lo em nenhum ponto. Dimensão específica, com consequências incalculáveis, que não enxergo bem. Qualquer livro sobre a China só pode ser exoscópico. Lente seletiva, caleidoscópica]

Saímos por volta das 9h. Os prédios estão iluminados com cordões de lâmpadas (para o 1º de maio). Muita gente, tempo ameno, festivo. Cansado, volto devagar com Tual, os outros continuam em direção a Tian an Men.

Quarta-feira 1º de maio
(Pequim)

Sempre acordando cedo, levantei-me às seis horas.
Esta manhã de 1º de maio se prenuncia soberba: cerração de tempo bom sobre os tetos cinzentos.

Não há raça mais horrenda que a dos estrangeiros confinados no hotel: nenhum sujeito bonito ou distinto. Homens de negócios ou turistas incultos. São especialmente arrogantes de manhã no café: descansados, lavados e glutões.

[Zhao: Tudo nas lojas. Para este país pobre quinze anos atrás, isso tem algo de comovente. Eles compram e, sobretudo, se empanturram, se empanzinam, é visível – dispondo da melhor cozinha do mundo, da abundância *estrutural* dos pratos (de sua multiplicação), das farinhas opulentas (trigo, macarrão, arroz – com que ontem vi uma sacola de papel cheia e fumegante num monta-cargas do restaurante. Forma de sublimação em relação ao *apagamento* sexual?]

No Parque Sun Yat Sen

Saímos do micro-ônibus na praça Tian an Men. Muita gente. Entrada no Parque com cartões. Multidão. Tempo nublado e quente. Multidão compacta.
No parque, espetáculos por todos os lados. Danças de meninas, como grandes flores amarelas, como operárias cor-de-rosa.
Aparelhos de tevê.
Pequenos estandes de jogos para crianças.
Tanques, pequenos jatos de água para beber.
Roupas: floresta de azuis e cáquis.
Impossível não se perder.
Marinheiros. Mãos de trabalhadores.
Frequentemente aqui ou lá, fileiras de jovens impedindo a passagem.
Corpo a corpo.
Bandeiras vermelhas, lanternas, flores de papel.
Soldados com megafones dirigindo a multidão.
Posto da Cruz Vermelha; estão vestidos de branco.
Nós tomamos assento num teatro ao ar livre. Vasta plateia cheia, pequenas cadeiras dobráveis verdes. Cortina de rosas diante da

cena. Grupo de criançinhas fantasiadas de pato. Orquestra de crianças; uma menina está cantando. Como uma vedete da Ópera (de Pequim).

Dança dos pinheirinhos: meninas com penacho de pinheiro e saiote verde. Danças. Pessoalmente não vejo nenhuma diferença em relação ao *Lago dos Cisnes*. Mesmo gestual, arqueamentos de braços, saltos de balé clássico, sorrisos idiotas.

Crianças maquiadas; mortificação, mumificação.

Numerosos lugares interditados por cordões, funcionários.

Multidão tranquila, descontraída. Nenhuma histeria, mas também nenhum erotismo, e não há "alegria". Nenhuma esquisitice, nenhuma surpresa, nada romanesco. Escritura difícil, quando não irônica em certos pontos.

Estande de alimentos (Frutas).

Um posto da Cruz Vermelha: uma velha pede que lhe meçam a pressão.

Segunda parada. Teatro à beira de um lago. Exército Vermelho. Uma orquestra tradicional em cena, um clássico no contrabaixo. Uma cantora de uniforme, muito Exército da Salvação, canta uma ária de Ópera chinesa com os gestos do código habitual, apesar do uniforme*.

No lago, embarcações enfeitadas com guirlandas de papel.

A cantora terminou, faz saudação militar.

Orquestra clássica, peça gênero balalaica.

Balé com traje típico (a colhedora de plantas medicinais). Coro no poço da orquestra (mulheres-soldados). Sempre as pantomimas à *Giselle*.

---

* As mulheres só usam saia no exército.

Ao lado: bonito: lago, muro cinzento, chorões, teto bege-amarelado e rosa antigo de Pagode.
Mulher Soldado escandalosamente maquiada.
Estamos sentados em cadeiras dobráveis sob os pinheiros, são 10h30, o tempo está delicioso.
Dois cantores-soldados, acompanhados por acordeão. Canção albanesa. Um gordo e um magro. Belíssimas vozes, bem cantado. Vozes trabalhadas. Cantor-soldado jovem primeiro (maquiado). Não! é só um solo de flauta (acompanhado).
Ainda estrangeiros demais na plateia.
Numerosos jogos, alguns didáticos (música, jogo de xadrez) (sobre grande painel).
Um marinheiro pálido como uma moça.
Livros.
Por assim dizer não há comida, não há bebida. Donde a *sabedoria* (bem infantil) de tudo isso.
Penugem dos salgueiros. A água está coberta por elas.
Peixes vermelhos – pretos – em grandes tinas.
Saída para a Praça.
Marx e Engels (peludos): Bouvard e Pécuchet?

No Parque dos Trabalhadores

Ejusdem farinae.
Flores de papel em árvores de verdade.
Cena: um soldado-tenor. Bela voz. Acordeão. Muito soviético. Outro soldado, franzino: dele sai uma voz de baixo russo, à Chaliapin. Mesmo a voz é sovietizada!

Descanso numa sala de Pagode. Soda-limonada. Toalhinha. Saio para mijar, procurando toaletes. Surge uma mulherzinha e me faz sinal de um modo desagradável, para fazer meia-volta.

[Por que essa *forma* de arte, entre outras mil, já que o critério, confesso e imposto, é o conteúdo? Porque ela *vem* de algum lugar: Intertexto em sua imediatez: dirigentes, *julgando* (decidindo) ou mesmo "inventando" espontaneamente: formação ou pequeno-burguesa ou soviética (é a mesma coisa), que nunca é *criticada*.]

Lá fora: bandeiras vermelhas na frente do turquesa de Pagode. Bandeiras vermelhas presas ao arame grosso sobre hastes de pedra esculpida Ming.

Matriarcado do Exército (meu cartaz).
[Paradigma grego: *teleuté/askésis*[25]. Aqui não há em absoluto igualação do paradigma, evanescência do sentido. Nada de dionisíaco. Para onde vai a orgia, o *segundo termo*? (na vida privada)]
[Não funciona por divisão, clivagem – apenas translações, deslizamentos modulados.]

Genitais (a Mãe), não fálicos. Falta sentido?

A Mulher, sem transgressão, *tomada às direitas, assim*.

---
25. *Teleuté/Askésis* (grego): realização, resultado / exercício, prática, maneira de viver.

Tarde
No Parque das Nacionalidades

15h. Continua nublado, muito tempestuoso.

[Lembrando: ontem à noite: estudantes franceses dizendo que as moças chinesas são muito ciumentas. Isso se esclarece de repente como muito verossímil]

Vamos ao Parque dos Bambus Púrpuras. (Espetáculo das Minorias).

["Meu terno, ápice da viagem?"[26] – Sim, claro, para burlar o significado sério da viagem, futilizar saudavelmente a boa consciência da viagem política]

Todos, mesmo operários, fazem uma sesta de uma hora. Parada do trabalho: 12-14h.

1º de maio de pueril!

Parada sobre cadeiras dobráveis. Teatro ao sol. Oito violoncelos (e um piano, em uníssono, tocando alguma coisa que em outro lugar seria a *Elegia* de Fauré! Seis homens, duas mulheres de paletozinho europeu, sem gravata.

---
26. Essa observação aparece numa espécie de artigo irônico de Roland Barthes, durante a viagem à China, a propósito da roupa sob medida que ele deseja e acaba conseguindo encomendar. Ver p. 215.

Uma tibetana de terno canta com pequena orquestra tradicional (terninho ordinário)*.
Plateia lotada. Gente apinhada ao redor. Em geral, aplaudem muito pouco – quase nada. Está claro que não é um costume.
Grande orquestra tradicional chinesa, com maestro sobre um estradinho. Apenas instrumentos locais, violinos de duas cordas, espécie de banjo, trompetes... e um contrabaixo.
Danças do Uigur (Estepe). Coros. Jeitão russo. Pantomima de uma pastora que está aprendendo a ler. Eis que surge o varão com estrela vermelha. Traz o cordeiro perdido de volta à moça. O coro participa da alegria. Jeito de Danças Polovtsianas[27].

No Palácio de Verão

Campo, Montanhas ao fundo.
Ainda a festa, bandeiras no recinto complicado do Palácio de Verão.
Meninas de rosa e amarelo. Pelo menos essas sorriem para mim!
Coro de rapagotes maquiados.
Fileiras compactas, rostos ao infinito. Aperto. Gentileza.
Grande Lago, cercado de Palácios-Pagodes: barcos alegóricos como patos, grandes balões vermelhos acima da água.
Encantador terracinho de pedra ornada sobre o lago. Invadido.
Galeria-caminho coberto, passeio sinuoso.

---
* Ela canta: "os escravos emancipados entram na Universidade".
27. As "danças polovtsianas" fazem parte da ópera *Príncipe Igor* (1890), de Alexander Borodin.

Pausa para a soda-limonada num pátio encantador. Recepção sorridente dos garçons de paletó branco, abundantes.

Bela tarde. Tetos recurvados, cinzentos, vermelho-pagode, travessas, lambris verdes etc. São dezessete horas. Plácido, plácido...

Rumo ao barco de pedra. Passa um barco de autoridades; os figurões políticos estão sentados na varanda do barco, tomando chá sem nenhuma comunicação com a multidão que corre avidamente ao longo da margem para seguir e ver o barco. Avidez.

Teatro de Ópera. Mais uma moça dominando o rapaz traidor (todo de preto) – com suas marias-chiquinhas-falos.

Por volta das 17h30, a multidão escoa devagar em direção à saída do Palácio de Verão, em meio a uma Internacional crescente. Volta de ônibus: multidão imensa indo, vista de costas.

1º de maio no limite do infantil e do pueril. Mas criança demais, uma indigestão de criança, uma civilização de crianças puerilizadas servindo de espetáculo a multidões passivas de adultos um tanto deslumbrados.

Noite

[Adultos infantilizados]
[As crianças adultificadas infantilizam os adultos.
Crianças como *espetáculo* para adultos]

Espetáculo de Esporte

Na grande e bela sala onde assistimos a uma partida de voleibol. Muita gente, mas muitos estrangeiros, é pena. Esperamos cerca de meia hora (até 8h), a coisa se ilumina intensamente; aplausos; presidido por ?

Piano charanga. Grupo de garotas de maiô, mais ou menos treze anos; espécie de pular carniça; aliás, muitas erram na chegada. São magras, magras, coxas compridas e nuas.

Marcha no piano. Os garotos chegam marchando, training branco, camiseta sem manga. Não aterrissam bem. Tudo gentil e elegante: nem americano, nem russo, pelo menos uma vez! Vão embora marchando.

Ginástica de solo: pulguinha verde sobre tapete verde: acrobacias, espacato, salto duplo salto etc. A pulga vai embora correndo.

Garoto de treze anos de branco, mesmas acrobacias. Garota de dezesseis anos etc. Tudo ao som do piano. Meio ginástica, meio dança. Rapaz de quinze anos etc.

Rapazes no cavalo. (São estudantes do Instituto dos Esportes). Esse exercício é muito chato.

[Nunca parecem ter medo do público, em nenhum lugar]

Musiquinha hiperocidental.

Tudo chato, corajoso e inautêntico.

Garotos-Rapazes: argolas. O comentário insiste na pouca idade: espetáculo-educação.

Frequentes erros (quase sempre) e sobretudo: arquiconvencional: nenhuma poesia.

A pulga vermelha de doze anos volta sem parar para dançar – pequenas acrobacias no solo. Que cricri!
[Um 1º de maio decepcionante, maçante, nada heroico nem revolucionário, terrivelmente prosaico]
Barras paralelas.
Etc.: absolutamente insignificante – e com erros.
Segunda parte: tradicional (Wushu*)[28]. Ai, está com jeito de ser tipo balé, mil vezes visto o dia todo.
[País onde só há Política do Texto, afinal de contas do significante – em todo caso não Arte!]
Não, é um pouco melhor que os balés: mais acrobáticos.
Só um, de verde-claro: ginástica do combate. Outro – um garoto – com sabre. Moça de branco com lança. [Amazona]
[Já não estão nus, calça branca larga e leve; jaleco azul-esverdeado, guarnição dourada]
É muito repetitivo e chato.
Lutas de dois: muito rápidas e param abruptamente.
Cena rápida: uma menina-pulga e dois meninos; cada um com uma lança: a menina ataca bruscamente os dois meninos.

[Inicialmente classificadas entre os raros significantes, no fim acabei achando as crianças absolutamente chatas]

[Será possível pretender desenvolver a consciência política sem desenvolver também a inteligência (a reflexão)? Será possível aguçar politicamente e infantilizar o resto?

---

* Wu: exército = arte militar.
28. Artes marciais.

Este 1º de maio, paradoxalmente, me traz a imagem aterrorizante de uma humanidade que luta politicamente até a morte para... se infantilizar. A criança seria o futuro do homem?]

10h30. Saímos desta sessão interminável esgotados e deprimidos.

Quinta-feira 2 de maio
(Pequim)

7h. Dia nublado e bonito, lá fora.
Almoço antes da toalete. Antes do barbeiro e do banco, volta lá fora: dia bonito, leve, delicioso. Motoristas enfileirados limpam seus veículos com um espanador comprido: baldinho na frente de cada carro.
Barbeiro no décimo andar. Tudo com barbeador elétrico. Xampu: algumas massagens.

9h *Sessão de informação com representantes da Luxingshe*

No salão de nosso andar, no hotel.
São três, falam francês (mais Zhao I): um mais velho que fala muito bem (de Xangai).
Boas-vindas do mais velho: aprender conosco, sobre a França. Eleições presidenciais?[29]

---
[29]. A morte do presidente da República Georges Pompidou, em 2 de abril de 1974, obrigará à antecipação das eleições, que ocorreram no dia seguinte à viagem de Roland Barthes

Mitterrand e a burguesia?
Situação econômica desfavorável?
Poder aquisitivo dos trabalhadores?
Pequena burguesia?
Contradição entre socialistas e comunistas? Como os camaradas chineses veem a evolução da URSS? – Recusa de resposta, não sabemos, estamos na China etc.
Perspectivas do movimento reivindicativo depois das eleições?
Movimento popular na França? (ou seja, esquerdismo).
Movimentos de esquerda?
Trotskismo? (isso interessa). [Único ponto em que se declaram: trotskistas pouco numerosos, mas sabotam a Revolução]
Lin Piao? – Nenhuma reação. (Não gostam se dizemos que na França a campanha Pilin Pikong não foi entendida).
III. Crise no PCF?
[11h. Lá fora, nublado]
O Partido Socialista atual e a antiga SFIO[30]?
Exército?
[Todas as perguntas – raras, factuais – são pouco comprometidas. O conjunto da sessão é subjacente]
Mulheres, Aborto?

Terá sido uma sessão de cortesia? Parece que quase. Seriam eles realmente da Agência?

....
e do grupo *Tel Quel* à China, em 5 de maio e 19 de maio de 1974. Valéry Giscard d'Estaing foi eleito com pequena maioria no segundo turno, contra o candidato da União de Esquerda, François Mitterrand.
30. A SFIO (Seção Francesa da Internacional Operária) tornou-se Partido Socialista em 1969.

Ressurgimento do egocentrismo em política: Ph. S. vê o PC em relação a si mesmo, a China em relação a si mesma etc.

Almoço (maçante) com os Mavrakis e os Luccioni, que moram aqui. Vamos de táxi a um bairro muito comercial e povoado, ao *Canard laqué*; mas, está claro, trata-se de comida "popular" (ou seja, revolucionária), ou seja, na sala dos chineses, e não na dos estrangeiros. Confabulação, espera andando em fila indiana pela rua movimentada. Enfim, é impossível; subimos portanto para um grande salão onde a comida é excelente (fígado de pato, pato de Pequim e torta com gergelim); discurso maçante do Militante.

Mavrakis revela como informação triunfante e totalmente gloriosa para a China o fato de à noite haver casais de namorados no Parque dos Bambus! Estão vendo – diz ele – que não há repressão!

Cada francês, aqui, tem sua ideiazinha sobre a China e só fala dela, absolutamente surdo ao outro!

Volta de táxi (ufa!), estamos todos exasperados. Tempo quente e pesado.

Tarde *No Templo do Céu*

Num grande parque, lotado, bandeirolas, gente: ainda é festa. Diferentes construções, bem vistosas: notável pela marchetaria azul e bege dos tetos.

Tempo excessivamente quente, pesado, pleno sol da tarde. Enquanto o motorista não vem, o ônibus é cercado de uma multidão de crianças boquiabertas. Alguns civis, com expressão grave e distante, tentam dispersá-las com calma, decerto por pudor e distância em relação aos estrangeiros.

Compras

Magazine da Amizade. Encomendei terno sob medida, que Christian Tual deve me trazer. Simpático velhinho à antiga tirando as medidas.

Comprei xícaras com tampa.
Numa farmácia chinesa: Julia pesquisa anticoncepcionais.

No hotel: vi dois estudantes franceses, a quem entreguei o recibo do terno para Tual (para 23 de maio).

Com Bouc, no Restaurante de Sichuan. Pátios lindos, quase campestres. Pequeno salão no térreo, que dá para um pátio simples (antiga casa de aristocrata). Bela faiança.
Refeição abundante, refinada, condimentada, com numerosos pratos: no fim, maravilhoso purê quente de nozes.
Voltamos a pé, devagar, por ruelas. Isso muda tudo; é a primeira vez que vemos ruas livremente. Lua, rua às vezes sombria, árvores, faz calor, gente indo e vindo, casinhas abertas, moradores

pondo o lixo (seco) para fora: finalmente, como um erotismo possível (da noite quente).

Sexta-feira 3 de maio
PEQUIM

[Lembrança de ontem: Luccioni, discurso durante o almoço: faz um esforço concentrado e constante para falar da China do ponto de vista da China; olhar que viria de dentro – todos os seus esforços para falar *de dentro:* traje, recusa a restaurante estrangeiro, ônibus, não táxi, "camaradas" chineses etc. No outro extremo, Tual e os estudantes continuam a ver a China *do ponto de vista* do Ocidente. Esses dois olhares me soam falsos. O bom olhar é *um olhar duvidoso.*]

6h. Lá fora, bruma cinzenta. [Agora tenho um medo neurótico de que algum incidente climático impeça a avião de partir amanhã]

Para a visita à Universidade, jogo duro, temos três intérpretes a mais! Portanto, são cinco ao todo: cinco a cinco, é o verdadeiro princípio.
As viagens de micro-ônibus são maçantes, pois dão ocasião a arengas sollersianas dirigidas aos intérpretes.
Na entrada da Universidade somos interceptados, precisam telefonar.

Universidade de Pequim

Num *campus* delicioso e deserto: pavilhões, jardins. Recepção de três e quatro indivíduos entre os quais uma mulher (Comitê Revolucionário, docentes e estudantes).
Salão bem velho num pavilhão-pagode. Caligrafia.
Boas-vindas. Apresentação. A professora de letras, decana de filosofia materialista e dialética + Professor de letras + estudante de filosofia + dirigente Bureau Assuntos Administrativo + *id.*
Programa.
Exposição Universidade: 1898. Três disciplinas: ciências humanas + natureza + línguas estrangeiras. 2.300 docentes. Estudantes: recrutamento não esclarecido, número ainda limitado: os de 1974 ainda não entraram.
Depois da Libertação: grande desenvolvimento. Antes da Revolução Cultural por causa da linha Liu, não foi possível aplicar linha revolucionária Mao no ensino. Liu copiou o sistema de ensino soviético = velho sistema: Universidade afastada dos Operários-Camponeses-Soldados e da realidade social concreta; primado do conhecimento profissional, procura de fama e vantagem individual. Essa linha errônea só podia formar aristocratas da burguesia [lá fora, galhos de pinheiros. Penumbra do salão]. Em 1966, Revolução Cultural Proletária à agosto de 1968, representantes Operários e Soldados entraram na Universidade. A partir de então, Revolução no ensino.
Segundo os ensinamentos do Presidente Mao (o ensino deve servir a política proletária, ligada à produção) → mudança radical.
Mudança:

– Admissão, recrutamento dos estudantes. Antes, recrutamento de diplomados do ensino secundário e exames. Hoje os diplomados vão para as fábricas e para o campo. Na Universidade, Operários Camponeses Soldados com experiência prática. Os candidatos expressam seu desejo, discussão pelas massas, aprovação pelo encarregado da Prefeitura (acima do distrito, abaixo da província), ratificação pela Universidade. Portanto: jovens que têm consciência política socialista + experiência prática + conhecimentos gerais. Principalmente: critérios políticos (estudo de Marx, Lênin, Mao + devoção ao Povo). Preliminarmente, são necessários dois anos de trabalho prático. [Mesa azul compridíssima, janelas de madeira]. Na Universidade: conhecimento cultural + indústria + agronomia + arte militar + crítica ideológica da burguesia e do revisionismo. O Estado subvenciona tudo ou salários. [Chá contínuo].
– Mudança da estrutura do ensino. Universidade: de portas abertas (luta classes, produção, ciência).
O que um estudante recebe (alimentação + dinheiro): 15 yuans (alimentação) + 4,5 (dinheiro) = 19,5 por mês. [Um maço de cigarros popular: 0,40] [Uma refeição restaurante popular. Macarrão Sichuan: 9 fens]
Elos com fábricas fora da Universidade: os estudantes as visitam periodicamente. Exemplo: eletricidade: oficina onde são fabricados aparelhos eletrônicos. Computadores apropriados, operados pelos estudantes. Antigamente: apenas conhecimentos livrescos. Ciências humanas: toda a sociedade é sua fábrica: vínculo teoria marxista-leninista e luta: um terço do tempo total na sociedade.

| *Cadernos da viagem à China* |

Durante os três últimos anos, estudantes de ciências humanas
→ 165 fábricas, comunas, lojas, editoras. Pesquisas sociais. Ciências humanas = língua chinesa, história, filosofia, economia, política internacional, direito, bibliotecas.

Exemplo: sociedade = fábrica: estuda-se Lênin nas aulas [a sequência da demonstração se perde na tradução; o esquema é: indo às fábricas[31], encontrar documentação do imperialismo na antiga sociedade: história das empresas]. Assim, os estudantes conhecem a natureza do social-imperialismo; a ação das duas superpotências saqueando o mundo. Artigos de estudantes e professores: de alto nível.

Outro exemplo: literatura: antigamente, não foram formados criadores; ensinavam-se apenas teoria e história da literatura. Mas nos últimos tempos os estudantes podem produzir ensaios, poemas, romances, reportagens, que reflitam realmente a luta concreta dos OCS[32]. Dizem com alegria que podem aprender o que não pudera ser aprendido no passado.

Exemplo: Filosofia: vinte estudantes em dois meses podiam criticar e explicar as conversas de Confúcio e de seus discípulos.

Os estudantes ousam fazer o que os ancestrais não ousavam. Traduziram da língua clássica para a moderna, ao mesmo tempo que criticavam. O professor Feng Yulan, de oitenta anos, fez pesquisa sobre história antiga da China.

Reforma de conteúdo e método do ensino. Antigos manuais envenenavam os estudantes; sobrecarregados e confusos, com refugos idealistas (Manual = livro impresso e aula).

....
31. Leitura por conjectura.
32. Operários Camponeses Soldados.

Reedição dos Manuais: 1) Materialismo dialético = centro 2) Vincular teoria e realidade 3) Acabar com o confuso e o sobrecarregado: simplificação: "pouco e melhor", menos e melhor. 800 docentes → 500 manuais.

Método: acabou-se com o enciclopedismo. Agora: método de *sugestão,* e discussão para que os estudantes pensem por si mesmos. Desde 1970, 5.600 estudantes OCS. Já: 2.300 formados. No entanto, o tempo foi reduzido: atualmente: três anos. Além disso, capacidade dos novos estudantes de analisar e resolver: mais elevada que no passado. Mas coisa ainda totalmente nova: no entanto, orientação justa e vivaz.

Muitos problemas, contradições. Balanço necessário. Esperamos sugestões e observações dos senhores para melhorar nosso trabalho (10h30).

Algumas perguntas

O apresentador: Niy Mang Chung: chefe do Comitê Revolucionário da Universidade de Pequim, especialista em Russo, Bureau de Assuntos Administrativos, Presidente do Departamento de Russo (Beijing Daxue, Universidade de Pequim).

A maioria dos estudantes volta para os lugares de onde foram enviados. Cem estudantes ficam na Universidade (pesquisa onde houver necessidade).

O estudante formula a disciplina desejada, mas de acordo com a necessidade do Estado, ou da Comuna. Desejo expresso em três classes, por exemplo: 1) Matemática 2) Física 3) etc.

Ciências humanas: Política internacional, arqueologia: aprendem línguas estrangeiras. Primeira língua: inglês, depois russo, francês, japonês etc.

Três departamentos de línguas estrangeiras: 1) ocidental 2) oriental 3) russo.

— Ensaios, poemas, romances etc. dos estudantes? Artigos publicados (depois de amadurecidos com os professores): jornais, revistas. Novelas, mais que romances, reportagens ("A Revolução da Primavera e do Outono").

— Diferença entre salário e Bolsa (cerca de 20 yuans)? Não há contradição, pois às vezes, jovens, voluntários para eliminar despesas em dinheiro, ajudados pela família; os outros, muitas vezes, despesas de família.

— Aqui, só solteiros. Idade? Entrada: 20 anos aproximadamente. Mais velhos (casos raros): 27, 28, 31 anos. Mulheres: 1/3.

— Todos internos.

Professores: em torno da Universidade, moradias da Universidade (Cidade Universitária). Uma parte mora com os estudantes.

11h Perguntas de fundo (enviadas de antemão).

[Uma moça de tranças e casaco branco mantém o chá e os cigarros] [É calmo, antigo, local aristocrático. Calma e arte de viver de um *campus* da América do Sul]

Pausa: eles gravaram as perguntas — reformuladas por Ph. S. Vão responder, provavelmente, cada um segundo o caso e o exemplo.

[Na parede: dois rolos antigos: cavalos]

Respostas

— Ponto de vista pessoal de um. — Pilin Pikong, *aprofundamento* da Revolução Cultural?
A Revolução Cultural fortaleceu a ditadura do proletariado e a consciência política, luta de classes. Acabamos com dois revisionismos: Liu e Lin. Conquistas da Revolução Cultural importantes; mas sabemos que a luta continua. Portanto, problema do sim ou não à Revolução Cultural. O oportunista Lin caluniou ativamente a Revolução Cultural Proletária. Para reagir à tendência direitista de retorno ao passado, é preciso[33] apreciar positivamente a Revolução Cultural Proletária.
— Essa tendência direitista, quando?
— Difícil de responder, pois processo de luta. (Antes/depois do = IX Congresso[34]). Lin, às vezes, atacou diretamente, às vezes negou as coisas novas que surgiram com a Revolução Cultural. Mesma tendência que Confúcio. Lin criou alguns slogans para a Revolução Cultural, mas não era a essência de sua linha; ódio extremo de Lin a essas coisas novas; criticou o envio de jovens instruídos para o campo. Mesma linha de Confúcio: restauração, regressão. Pela frente, palavras elogiosas, livrinho vermelho na mão, mas procura apunhalar pelas costas. O proletariado é forte, portanto, tiram-lhe a máscara.
[Não se sai dos blocos]. Portanto, Pilin Pikong: elo estreito com Revolução Cultural Proletária. Portanto, é de fato um aprofundamento.

---

33. Falta a palavra manque no rodapé.
34. Reunido em Pequim de 1º a 24 de abril de 1969, o IX Congresso do Partido Comunista chinês, composto na maioria por delegados do Exército, adotou novos estatutos e rompeu com o VIII Congresso de 1956, elegendo um Comitê Central quase inteiramente novo. Esse congresso marcou a vitória da Revolução Cultural, celebrada por Lin Piao, e oficializou uma linha política baseada na mobilização ideológica do corpo social.

– Outra resposta (Zhao professor de filosofia?): sobre a linha revisionista e a relação revisionismo/dogmatismo. Linha Lin: linha revisionista "moderar-se e voltar aos ritos". Isso quer dizer: restaurar o capitalismo [a coisa começa com belos blocos]: retorno à restauração. Como isso se manifesta? Lin tomou medidas para usurpar o poder do Partido e do Estado: preconizou a Presidência (nome correto).

[Tudo isso: evidente que a mais pura produção do regime é uma *Retórica* formidável: arte de persuadir, de convencer, ou seja, deixar a linguagem sem interstícios, sem retornos]

Lin tentou golpe de estado contrarrevolucionário. Trair a ditadura do Proletariado = ponto-chave de todos os oportunistas. Portanto, Pilin Pikong: luta contra o revisionismo.

E também: luta contra o revisionismo na superestrutura. Lin queria liberar politicamente os maus elementos, os direitistas, os oportunistas, os proprietários etc. No plano internacional: solicitou apoio do social-imperialismo e do imperialismo: guarda-chuva nuclear da URSS. Portanto, dizemos sobre ele: super-respião internacional. Vendo seus fundamentos, pode-se dizer que ele representa todos os oportunistas. Com base nos fundamentos teóricos, pregou a teoria do gênio (apriorismo idealista): conhecimento e competência seriam dádivas do céu (inatos). [Esta é a aula perfeita, muito completa e clara]; mas historicamente é uma concepção idealista: para preparar a opinião pública para a restauração. Teoria da genialidade dos dirigentes: de fato minar o prestígio dos encarregados. Considerava os encarregados proletários como super-homens: separou os dirigen-

tes da realidade, das massas, da classe proletária. Ele (sempre Lin) considera os encarregados como reis, imperadores feudais. Na aparência, elevou a posição deles, mas na realidade denegriu sua imagem. Cf. o modo como Stálin criticou os bandidos trotskistas, que elogiavam Lênin como genial; mas isso não é honesto, intrigas para se opor a Lênin. [Não perturbar a organização da aula: "tratarei disso adiante"]
Portou a bandeira vermelha para se opor à bandeira vermelha. Considerava-se genial, dirigente – e o filho supergenial! (o filho tinha 23 anos, morto, "partiu para reencontrar Confúcio", estudo na Universidade de Pequim, mas era um tolo! Lin Li Kuo).
Para concretizar suas más intenções, palavras reacionárias.
[Nunca conseguem responder a perguntas factuais, históricas. O discurso é sempre *geral:* espécie de monstruoso tribunal de intenções]

12h. Duas moças trazem pratinhos. Vamos lanchar.
[Sem dúvida não estamos no universo da ciência histórica! Que força fazem nossos historiadores para apresentar a prova de uma intenção!]
[As moças trazem pratos com pequenos sanduíches e doces]
[Estamos sempre formulando a questão do *documento;* mas nunca há resposta; não estamos no universo histórico, ou melhor, diz F. W., num universo lacaniano!] [Remetem-nos a *discursos,* ao de Chu En-Lai, por exemplo]
Pausa: comemos um pouco. Cerveja.

Por que *Programa de Gotha?* Porque é uma obra gloriosa, contrária ao oportunismo: não mercadejar o princípio. Arma cortante contra o revisionismo, e: período de transição do Socialismo para o Comunismo (Ditadura do Proletariado).

Sentido de Pilin Pikong: insistir na ditadura do Proletariado: continuação da Revolução sob a ditadura proletária. Defesa da Revolução violenta contra a tese de Lassalle. Portanto, luta contra o Revisionismo.

Discussão durante a pausa: sobre o Trabalho, início do *Gotha*. O professor de filosofia defende-se melhor.

[Dois vasos de gerânio, em simetria, sob a caligrafia mural de Mao]

Primazia da luta de classes sobre "desenvolvimento da produção".

[Nosso suplemento de intérpretes ficou completamente silencioso, tomando notas]

São 12h30. Estamos a esta mesa desde as 9h30.

[É uma discussão entre o professor de filosofia e Ph. S. que curte muito esse dueto: ele fala! ele é o chefe!]

Professor de Filosofia: excelente conhecimento do marxismo, resposta a tudo com base no Corpus, na Cartilha: excelente sacerdote. Digno de ensinar o catecismo!

[Universo burguês: positivismo, Ciência histórica, mundo da prova, do experimental etc. ≠ Marxismo: fantasmagoria discursiva e argumentativa*, sem "provas"; retorno da Mitologia? retorno do Discurso?]

....

* com suas grandes Palavras Fantasmas denegadoras: Real, Prática etc. Seres verbais.

[Mas no século XVIII, no período da ascensão burguesa, o discurso ascendente talvez pudesse me parecer igualmente catequético]

[Vai ser preciso distinguir o que aprendi *no primeiro grau* e *no segundo grau*. (É mais ou menos "o olhar duvidoso"[35])]
[Sanduichinhos ótimos: espécie de pão preto e de presunto e porco]

[É difícil fazê-los confessar o mínimo antistalinismo; sempre defendem Stálin – atacado é Khrutchev] – Stálin: possíveis erros, mas Khrutchev e Brejnev: traidores. Não se pode pôr no mesmo plano um camarada que cometeu erros e traidores (do Proletariado).
[Teríamos:

I Plano do Significante
II Plano do Significado (discursos)
III Plano do Texto que se faz e desfaz (política real, luta de linhas etc.)]

[Não participo da discussão, embora ela seja interessante, principalmente sobre as causas do aparecimento do revisionismo na URSS]

[Diante de mim, atrás das janelas ornadas, um país tão francês, quase do Sudoeste: pinheiros, plátanos]

....
35. Ver p. 216.

| *Cadernos da viagem à China* |

Teses dos erros no fim da vida de Stálin: contradição entre teoria e prática: ele praticava a luta de classes, mas teoricamente dizia que ela já não existia. Era um grande revolucionário, capaz de corrigir seus erros. Mas não tinha experiência, pois único país socialista. Não se pode jogar sobre o camarada Stálin a responsabilidade pelo revisionismo.

Discussão interrompida sem rodeios para o passeio, no momento constrangedor.

Passeio:
Passeio em grupo no parque solitário. Lago. Radar diante do Pagode. Túmulo das Cinzas (uma parte) de Edgar Snow "an American friend of the Chinese people, 1905-72"[36]
Esta Universidade, de onde saiu a Revolução Cultural, está completamente vazia, pacata – e do discurso mais bem-comportado que se possa imaginar.
Foto coletiva.

Biblioteca: vazia, cheiro de cânfora. Retratos dos quatro e de Mao. Exposição do chefe de boné. [Parece até que esvaziaram, extenuaram completamente a Universidade em nossa honra].
Tempo sombrio e frio. Até que modesta.
Blocos do bibliotecário: herdar o patrimônio criticando (isso dito diante dos manuscritos antigos numa vitrine de exposição).

---
36. Edgar Snow, jornalista americano, foi um dos primeiros a conversar com Mao. *Red star over China* (1937), *L'Étoile rouge au-dessus de la Chine* (Stock, 1964), relata a história do Partido Comunista Chinês até os anos 1930, cuja lenda ele lança.

Muito limpo, cheiro de cânfora e perfume indiano, Farmácia Chinesa.
Cantinho da literatura francesa: Molière, La Bruyère, Fénelon, Doumic! Lanson! e até eu no Picon! mas sem cortes![37]

Tempo muito bonito, muito calmo. Às 14h aparecem bicicletas. Tudo é muito disperso no parque. Onde estão as atividades coletivas, os *dazibaos*?

14h. Volta ao Salão. Depois da pausa, o professor parece ter recuperado as forças e feito uma provisão de blocos; nova arrancada sobre as influências nefastas das duas linhas revisionistas.
[Toda asserção marxista é "sem prova"; ou melhor, o discurso marxista é puramente assertivo. Isso permite que todas as linguagens fracionistas, dentro do marxismo, entrem em luta a golpes de asserções homogêneas: do parecido ao igual]
O professor se repete pura e simplesmente: idealismo da teoria do gênio, "os heróis criam a história" etc.
[É o mundo puro do Catecismo]
Coitado, tão ingênuo, nem desconfia que já ouvimos o mesmo discurso inteirinho umas dez vezes. Ou será que isso não tem nenhuma importância para ele? Mudança de valor: a originalidade já não é um valor, a repetição não é um mal.
O professor prossegue na lista dos crimes de Lin (todos abstratos) e dos blocos.

---

37. Gaëtan Picon dedica algumas linhas a Roland Barthes em *Panorama de la littérature française*, nova edição revisada, Paris, Gallimard, 1960, pp. 290-1, sobre *Michelet* de "Roland Barthes (autor das saborosas, profundas e contestáveis *Mitologias*)", p. 290.

[Pode-se dizer: Discurso (execrável) ≠ Real (satisfação das necessidades), glorioso]

[Em suma, são as virgens de trança]

[Durmo como numa aula ou num sermão que repete suas estrofes depois de cada tradução]

[Um Discurso contra uma Necessidade? Essa é a equação problemática]

[Todos refazem seus acordos nas costas do Revisionismo – esquecendo o importuno Stálin, fonte de discórdia].

Lin Piao, Bushidô e Hitler. Queria um fascismo feudal (≠ Mao: é o Partido que dirige o Exército).
Confúcio e a família? – Influência em todos os campos, porque propagado por todos os dominadores sucessivos. Moral confuciana: grande influência nas famílias: consolidada em quatro poderes: político, clássico, religioso, conjugal – quatro cadeias do povo chinês. Poder do marido: era ferocíssimo: mulher submetida sucessivamente ao Pai, ao Marido, ao Filho. Essas influências nefastas diminuíram muito e precisam ser completamente liquidadas. Em Confúcio, obediência cultivada em proveito do escravagismo. – E hoje: autoridade e obediência de uma classe? – Para o Proletariado, Revolução: a autoridade mais forte: centralismo + democracia = autoridade. – Lugar da "contracorrente"? – Os que se opõem à corrente errônea da

burguesia, é justamente para criar e reforçar a autoridade do Proletariado.

[La fora, a Universidade está imutavelmente vazia]

"Temos razão em nos revoltar contra a reação" – para estabelecer, no curso da luta, uma autoridade do Proletariado. Revolução Cultural? Sempre sob a direção do Partido, tendo à testa o Presidente Mao. A propósito de Confúcio: atualmente, o próprio princípio da família é questionado? – A burguesia denegrira o Comunismo, dizendo que ele queria enfraquecer a família. A isso Marx respondeu dizendo que na sociedade comunista a família desapareceria. Mas a família: realidade histórica muito diferente segundo as épocas: exemplo: Patriarcado = propriedade privada; família = unidade de produção. Família burguesa = relação de dinheiro. Portanto, o caráter da Família deve mudar; mas ela nunca desaparecerá: continua sendo um elo de sangue humano; essa relação deve desenvolver-se e nunca pode retroceder; ≠ país capitalista onde os jovens sonham em aniquilar a família com relações sexuais desordenadas: é um retorno à sociedade primitiva.

[Importância do tema: "não retroceder" = Forma! pouco importa o conteúdo!]

Outras perguntas: crítica ao conjunto da tradição cultural chinesa? Aspectos positivos do trabalho intelectual no mundo ocidental? Literatura e Linguística?

Respostas: Literatura clássica chinesa: tarefa de acabar com a influência do Confucionismo + tarefa de estudar a tradição da

Escola Legalista. [Talvez esse amontoado de blocos porque estão sendo ouvidos, não por nós, mas por si mesmos]. O progresso era sempre associado ao Legalismo [A insipidez *renovada* do chá é homóloga à insipidez repetida dos discursos]. Na atualidade, o problema principal é Confucionismo/Legalismo [não se preocupam com o Taoismo, o Budismo etc.]. [A mulher também, a do sotaque bonito, começa a empilhar seus blocos]. Princípio: herdar de maneira crítica: o que é antigo deve servir ao presente. Todas as pesquisas: através de Pilin Pikong + Problema teórico: como criar imagens de herói, como a literatura pode servir OCS?
– Lukács? Revisionista.
– Linguística? – Seção da língua Han. 1) Língua moderna 2) Língua clássica 3) Teoria e história da língua. Orientação: criticar a teoria burguesa e revisionista da linguística à luz do marxismo. Vulgarização da língua falada de Pequim: reforma, simplificação dos caracteres. Enveredar pelo caminho da latinização, pois, apesar da imensa contribuição dos caracteres para a civilização chinesa, há deficiências. Pesquisas sobre os dialetos, numerosos, para saber regras comuns entre dialeto e pequinês: falá-los ao mesmo tempo. Depois será possível – após a generalização do falar – romanizar os caracteres, embora as duas tarefas sejam realizadas ao mesmo tempo.
[O mais estranho de tudo não é a China, é o Marxismo em grau radical]
– Pontos de vista dos linguistas ocidentais sobre a língua chinesa: não objetivos, não correspondem à realidade da língua chi-

nesa. Ligar a realidade chinesa a essas pesquisas. Como usar com simplicidade essa língua Han.

[Esta Universidade: superortodoxa, super-radical, supercatequista, portanto, efetivamente: *vanguarda* – mas não na nossa acepção!]

Travamos a luta contra os linguistas burgueses da Europa ocidental e revisionistas. Teoria ocidental e revisionismo = deficiências; pois essa teoria: baseada no indo-europeu, também caráter incompleto dessa teoria, pois não incluíram a grande língua chinesa em seu sistema. Por isso, nossa pesquisa: grande significado para enriquecer a teoria linguística e corrigir as deficiências. Adaptar-se ao caráter apropriado de cada língua.

Na síntese linguística, é preciso levar em conta todas as línguas. França, país de tradição linguística: no futuro, esperamos contribuição linguística recíproca.

Perguntas:

– Nossos estudantes conhecem pesquisas EUA sobre língua chinesa; um grupo de chineses foi enviado aos EUA, diversas Universidades e linguistas. – Problema: a linguística a serviço da Política? Deficiências dos europeus? Seria demorado demais responder.

– Como conhecer essas pesquisas dos chineses sobre o chinês? Desde a Revolução Cultural, não houve tempo de editar revistas. Isso dependerá da conjuntura concreta. E mesmo aí, luta de classes entre as duas linhas.

[Totalitarismo político absoluto]
[Radicalismo político]
[Pessoalmente, eu não conseguiria viver nesse radicalismo, nesse monologismo insano, nesse discurso obsessivo, monomaníaco] [nesse *tecido,* nesse texto sem falhas]
[Chauvinismo, sinocentrismo]
Achamos que a língua chinesa é muito precisa; que é possível expressar com muita precisão o que se pensa.

Agradecimentos de Ph. S. e resposta do Professor de Filosofia: conversa muito profunda, muito ampla com o grupo *Tel Quel.* Não nos sentimos cansados, sentimos alegria. Nossa Conversa facilitará a compreensão do povo francês em relação ao povo chinês.

São 16h40.
La fora, tempo bom, calmo, bambus, flores amarelas, um tanque no pequeno pátio.
Cruzamos com uma pequena coluna de estudantes.

Hotel Maotai: todos juntos num quarto.

Refeição final oferecida pela Luxingshe

Restaurante de Chan-dong. Salão luxuoso, escadas 1925. Chá, toalhinhas quentes e perfumadas. Recepção do Grande Chefe Luxingshe (preleção que não acaba mais sobre as "deficiências").

Evidente a divisão dos três trajes dos agentes da Luxingshe: o Grande Chefe, terno escuro, muito limpo; subchefe que organizou nossa viagem, jovem fino, paletó de tecido bege, nossos intérpretes de paletó usado ou terno ordinário de algodão.
O Grande Chefe faz um discurso político com números.
Prato: bucho de carneiro etc. Muito bom.
Volta em torno do hotel antes de fazer as malas.

Sábado 4 de maio
(Pequim)

Acordei às cinco horas para a partida. Nervoso. Lá fora, muito nublado, últimos tetos de pagode, últimas buzinas.

7h. Partimos de micro-ônibus. Avenidas cheias de trabalhadores de azul e bicicleta. Na Praça Tian An Men, guardas vermelhos de azul e branco fazendo uma espécie de exercício em fileiras. Uma coluna de jovens atravessa a avenida.

Formalidades: excessivas! todo um circuito oprimente.
Desjejum abundante no restaurante do aeroporto.
Muita gente, muitos chineses em grupo, em fila, de uniforme: naquelas túnicas escuras, de colarinho fechado, parecem verdadeiros jesuítas.

No avião: lá fora o tempo é bonito e leve (durante o trajeto para o aeroporto, víamos as montanhas ao fundo). 9h05. Começamos a taxiar (avião superlotado: alsacianos, negros, chineses etc.).

Assim que chegamos ao avião, a cretinice Air France ou seja, França: Ar de superioridade da comissária: essa bagagem devia ter ido no compartimento de bagagens!

9h10. Decolamos.

UFA!

Vulgaridade da comissária que, distribuindo os jornais, diz diante de nós: "não é possível, *eles* vão entrar em luta!"

No Avião

Alguns preços de mercadorias:

Uma libra	de arroz	0,17
	de farinha	0,19
	Carne de boi	0,70
	Carne de porco	0,80
	Tomates (verão)	0,01
	Hortaliças	0,02
	Óleo	0,88
	Frango, pato	0,70
Bicicleta		140,00
Máquina de costura		140,00
Máquina fotográfica		70,00
Sapatos cidade		10,00
Ônibus passe mensal		3,50

Doze horas no avião. O grupo de alsacianos festeja ruidosamente os cinquenta anos de um deles: cantos, aplausos, presente, champanhe. No começo irritante, depois deixa desarmado.

Distinguir bem a campanha Pilin Pikong e os incidentes Beethoven-Antonioni. Campanha: sim, séria, de fundo. Beethoven? decerto percebido agora como um erro. Antonioni? menor, deve ser apagado (desencadeado sobretudo em razão dos elos de Antonioni com o PCI): isso dito ontem à noite pelo chefe da Luxingshe, muito contrariado por ter perdido duzentos passageiros de um cruzeiro do transatlântico *France* a Cantão, por causa do medo que os turistas têm da "barbárie" dos chineses.

Esses alsacianos, lá atrás, fazem um escarcéu! (Como todo grupo francês: cheio de si). Enquanto na frente, seis negros simpáticos e calmos...

O almoço Air France é tão infame (uns pãezinhos do tamanho de uma pera, frango amarfanhado em molho gorduroso, salada colorida, repolho em fécula achocolatada, e nada de champanhe!) que estou a ponto de escrever uma carta de reclamação. Frango à moda basca acima do Himalaia! Sempre a Areia nos olhos.

Escala em Carachi. Muito quente: Nada para comprar (uns horrores). Mas todo o mundo ocidental de volta: astúcia e erotismo de três paquistaneses encantadores. Vontade de voltar para lá!

Portanto, seria preciso pagar pela Revolução o preço de tudo aquilo de que gosto: discurso "livre", isento de repetição, e imoralidade.

Relendo meus cadernos para compor um índice, percebo que publicá-los assim seria exatamente um Antonioni. Mas que outra coisa fazer? Só se pode:
– aprovar. Discurso "in": impossível
– criticar. Discurso "out": impossível
– descrever uma permanência sem ordem. Fenomenologia. Antonioni. "Criminoso!" "Intenção pérfida e procedimento desprezível."[38]

Chineses: no fundo: Quakers (conquistam a América marxista) (as mulheres são freiras).

Um varapau (do grupo dos alsacianos) passeia o tempo todo pelo corredor central: como se vigiasse escravos de galés.

---

38. Roland Barthes escreveu no texto intitulado "Caro Antonioni...", redigido para a entrega do prêmio "Archiginnedio d'Oro" em 28 de janeiro de 1980 a Antonioni: "Foi seu filme sobre a China que me deu vontade de viajar para lá; e, se esse filme foi provisoriamente rejeitado por aqueles que deveriam ter compreendido que sua força de amor é superior a qualquer propaganda, foi por ter sido julgado segundo um reflexo de poder, e não segundo a exigência de verdade. O artista não tem poder, mas tem alguma relação com a verdade" (OC V, pp. 902-3).

Começar o texto (se eu fizer algum) com: as duas refeições de avião: Air France, infame; descrever ≠ chinesas: duas maçãs, chá, guardanapos, cigarros. [Esta noite: duas rodelas de beterraba, pepino, tomate = salada + molho plastificado (salmão) + gordura fervida mas não quente de carne + ervilhas + bolo grandalhão e seco: massa insípida e velha rebocada por cima]

Balanço: três admirações, duas resistências, uma pergunta.
I 1. Satisfação das necessidades
   Mistura das camadas
   Estilo, Ética
II 1. Estereótipos
   2. Moralidade
III Lugar do Poder

CADERNO 4

| **Caderno 4** |

CHINA

Cadernos

I

II

III

| Índice temático |

Acupuntura, p. 40, 42-3, 54.
α (Figura), p. 160, 183.
Alimentação, p.10, 25, 202.
Aluguel, p. 34.
Angelismo, p. 111.
Antonioni, p. 36.
Aparência / Essência, p. 46.
Aplausos, p. 14, 22, 33, 41, 82, 97, 100, 134, 154, 160, 208.
Aposentadoria, p. 34, 37.
Arte, p. 50-3, 74-6, 81, 92-3, 99, 135-7, 148, 152-4, 165-6, 176, 182-3, 196, 199, 205.
Artista, p. 79, 91.
Assentimento, p. 16, 23.
Avaliação, v. Balanço

Badmington, p. 9.

Balanço / Avaliação, p. 17, 51, 139, 238.
Balés, p. 36.
Blocos (cibernéticos), p. 92, 138, 149, 159-60, 178, 182, 201
Brecht, p. 9, 56, 137.
Burocracia, p. 23.

Cabelos, p. 10, 25, 64, 165, 197, 229.
Caligrafia p. 22, 30, 53, 55, 74, 78, 81, 157, 176.
Campo, p. 72-3.
Caracteres, p. 22, 54.
Caricaturas, p. 18, 81.
Casamento, p. 42, 142.
Chá, p. 28, 34, 40, 44, 53, 65, 96, 114, 137-8, 174, 231.

Cheiros, p. 11, 17-8, 20, 30, 38, 72, 80, 86, 97, 105, 114, 124, 193.
Chineses, p. 7, 38, 53, 60, 74, 79, 204.
Chu En-Lai, p. 67.
Comissárias, p. 25.
Concreto, p. 23, 31, 111.
Conflito, p. 150, 186.
Confúcio, p. 61-2, 64, 143, 229.
Contracorrente, p. 103.
Corda (brincadeira infantil), p. 10, 94.
Cores, p. 9, 22, 27, 56, 95-6, 184, 189, 192, 205, 214.
Corpo, p. 9, 17, 21, 31, 36, 39, 103, 129-30, 175-6, 188, 196.
Cozinha, p. 38.
Crianças, p. 36, 99, 204, 209.
Curiosidade, p. 26, 76, 97, 138, 146, 163, 166, 182, 184, 215.

Disfarce / Fantasia, p. 36, 40.
Doxa, p. 17-8, 24.
Duas caras, p. 36, 62.

Encanto, p. 10, 21, 53, 56, 163.
Ensino, p. 69-70, 79, 97-8, 148, 197, 217.
Enxaquecas, p. 17, 118.
Erotismo, p. 11, 16, 21, 50, 83.
Escritor (o), p. 26, 31, 35, 57-8, 61.
Estereótipo, p. 17-18, 20, 24, 37, 147, 160, 200.
Estudantes, p. 13.

Falação, p. 27.
Família, p. 37.
Fantasia, v. Disfarce
Fechamento, bloqueio, p. 70, 115, 135, 201.

Garrafa térmica, p. 12, 14-5, 54, 77, 136.
Gestos, p. 136.
Ginástica, p. 27, 119.
Gotha, p. 20, 23, 61, 134-5, 225.

Hagiografia, p. 21.
Hegel, p. 24.
Herói, p. 140.
História, p. 65.
Homossexuais, p. 9, 11, 25, 141, 143.

Incidente, p. 80, 92.
Indumentária, v. Roupas
Intelectuais, p. 45, 67, 69.

Lin Piao, p. 18, 20-1, 23, 32, 36-8, 60-3, 66, 91, 101, 111, 131-3, 160, 180, 228-9.
Linguagem, p. 69, 149, 173.
Linguística, p. 69, 231.
Linha, p. 111.
Liu Shao Shi, p. 19, 28, 45, 79, 98, 111, 128-9; Liu Shao Shi-Lin Piao, p. 75, 197-8.
Livro (meu), a viagem, p. 15, 7, 9, 19, 37, 72, 78-9, 115, 146, 149, 155, 158, 173,

175, 177, 189, 201, 211,
216, 225, 237.
Lógica, p. 69.

Mao (Fotos), p. 30, 43, 44, 51,
158, 179; (Princípio) p. 39,
42.
Mãos, p. 30, 36, 38, 51, 76, 93,
99, 129, 157.
Maquiagem, p. 36, 93, 135, 163,
205.
Marxismo, p. 225, 228.
Materialistas, p. 68-9.
Matriarcado, p. 35, 102, 113,
136-7, 188, 206, 209.
Meninas, p. 94.
Militar, p. 9, 36, 82, 149, 153.
Moeda (Episódio), p. 34, 36, 101.
Mulheres, p. 15, 52, 133.

Nanquim (Ponte), p. 31, 73-6.

Odores, v. Cheiros
Olhos (Ginástica), p. 103.
Operários, p. 21, 132-3.

Paisagem, p. 72, 114, 144, 164,
184-5, 192.
Pilin-Pikong, p. 15, 18-9, 31, 36,
39, 46, 60-1, 67, 79, 81, 86,
98-9, 102, 112, 142, 152,
163, 193, 222 s., 236.
Plano 571, p. 62.
Poupança, p. 14.
Prática, p. 24, 31, 76.
Preços, p. 134, 235.
Processo, p. 62.

Professores primários, p. 9-10.
Psiquiatria, p. 42.

Rejeição, p. 17.
Retórica, p. 67, 91, 223-4;
(Plano), p. 29, 45.
Retratos, p. 19, 34, 44, 48, 51.
Revisionismo, p. 128, 131.
Roupas, p. 6, 11, 14, 34, 70-1,
75, 82, 143, 147, 177, 234.

Salários, p. 13-5, 111, 126, 133,
138, 158; (Estudantes),
p. 218, 221.
Salões, p. 17-8, 39, 44, 47, 53,
56, 74-5, 78, 141.
Segregação, p. 17, 165.
Sensualidade, p. 10-1.
Sentido, p. 206.
Sexualidade, p. 9, 11, 30, 38, 42.
Sindicatos, p. 31.
Sinocentrismo, p. 94, 148.
Stálin, p; 54, 127, 180, 224,
226-7; Estado stalinista, p. 75.
Surpresas, p. 97, 125.

Ta-Tsi-Pao *[Dazibao]*, p. 23,
27-8, 77, 112, 146, 177,
197, 228.
Tachai, p. 106, 151, 163.
Taoísmo, p. 68.
Topos, p. 34-5, 37, 79, 110, 132,
138, 159.
Trabalho, p. 31, 140.
Trotskismo, p. 44-50, 224.

Viagem, p. 200, 207.

ÍNDICE ONOMÁSTICO

Alice *(Alice no país das maravilhas,* de Lewis Carroll), p. 94.
Althusser, Louis (filósofo francês, 1918-1990), p. 59.
Antonioni, Michelangelo (cineasta italiano, 1912-2007), p. 36, 96, 236-7.
Aragon, Louis (escritor e poeta francês, 1897-1982), p. 194.
Aurillac, p. 150.

Bangkok, p. 63.
Barthes, Henriette (mãe de R. B., 1893-1977), p. 185, 194.
Baudelaire, Charles (poeta francês, 1821-1867), p. 183.
Beethoven, Ludwig van (compositor alemão, 1770-1827), p. 199, 236.
– *Sonatinas,* p. 199.
Blanche, Francis (ator francês, 1919-1974), p. 52.
Bouc, Alain (correspondente do *Le Monde* em Pequim), p. 185, 189, 215.
Boumediene, Houari (estadista argelino, 1932-1978), p. 105.
Bouvard e Pécuchet (personagens), p. 205.
Bouvard et Pécuchet, de Flaubert, p. 72.
Brecht, Bertolt (dramaturgo alemão, 1898-1956), p. 9.
Brejnev, Leonid Ilitch (estadista soviético, 1906-1982), p. 226.

Butterfly (Mme) (personagem da ópera *Madame Butterfly*, 1904, de
    Giacomo Puccini), p. 36.

Cantão (Guangzhu), p. 46, 236.
Carachi, p. 236.
Chaliápin, Fedor (cantor russo, baixo, 1873-1938), p. 205.
Chang Kai Chek, Tchang Kai Tchek (Jiang Jieshi, estadista chinês,
    1886-1975), p. 46, 161-2.
Chang Kuo Tao (Zhang Guotao, dirigente do PCC na década de 1930,
    1897-1979), p. 47.
Chang Si (Shaanxi, província chinesa), p. 183.
Chen Do Shu (Chen Duxiu, secretário do PCC 1921-1927, excluído
    em 1929, dirigente trotskista na década de 1930, 1879-1942),
    p. 46-7.
Chicago, p. 43.
Chu Cho Bai (Qu Qiubai, secretário do PCC em 1927, 1899-1935),
    p. 47.
Chu En-Lai (Zhu Enlai, político chinês, 18981976), p. 67, 179, 224.
Confúcio (filósofo chinês, c. 555-479 a.C.), p. 15, 18-9, 36, 46, 55, 60,
    62, 64-7, 79, 86, 102, 133, 143, 156, 176, 219, 222, 224, 229.
Coppélia, ou a Moça de olhos de esmalte (balé criado no Opéra de Paris
    em 1870), p. 93.
Courbet, Gustave (pintor francês, 1819-1877), p. 148.

Dietrich, Marlene (atriz americana, de origem alemã, 1901-1992), p. 26.
Doumic, René (crítico literário francês, 1860-1937), p. 228.
Duras, Marguerite (escritora e cineasta francesa, 1914-1996), p. 159.

Encouraçado Potêmkin (O) (filme de Serge Eisenstein, 1925), p. 181.
Engels, Friedrich (filósofo alemão, 1820-1895), p. 44, 61, 205.
– *Anti-Dühring*, p. 152.

Fauré, Gabriel (compositor francês, 1845-1924), *Elegia*, p. 207.
Fénelon, François de Salignac de la Mothe (prelado e literato francês,
    1651-1715), p. 228.
Feng Yulan (filósofo chinês, 1895-1990), p. 219.
Feuerbach, Ludwig (filósofo alemão, 1804-1872), p. 61.

Foucault, Michel (filósofo francês, 1926-1984), p. 32.
Freud, Sigmund (psicanalista austríaco, 1856-1939), p. 42.
F. W. (ver Wahl, François).

Galliera (palácio, Paris), p. 51.
Gide, André (escritor francês, 1869-1951), p. 160.
Giselle, ou Les Willis (balé romântico criado no Opéra de Paris em 1841), p. 93, 165, 204.
Granet, Marcel (sinólogo francês, historiador da China antiga, 1884-1940), p. 7.

Haendel, Georg, Friedrich (compositor inglês de origem alemã, 1685-1759), p. 113.
Han (dinastias chinesas, Han ocidentais, -206, -23, Han orientais, 25-220), p. 117, 176.
Han Feizi (filósofo chinês, morto em 233 a.C.), p. 68.
Haydn, Joseph (compositor austríaco, 1732-1809), p. 113.
Hegel, Georg, Wilhelm, Friedrich (filósofo alemão, 1770-1831), p. 24, 68.
Henan (província chinesa), p. 114, 135.
Hitler, Adolf (político alemão, 1889-1945), p. 229.
Hu-Sian (Huxian), p. 154.
Hua Tchin Tchen (Huaqingshi), p. 161.
Huai Su (calígrafo da dinastia Tang 725 ?-785 ?), p. 176.
Hunan (província chinesa), p. 44, 53.

Jobert, Michel (político francês, 1921-2002), p. 95.
Jocelyn (poema de Lamartine, 1836), p. 165.
Julia (ver Kristeva, Julia).

Kansas, p. 120.
Kant, Immanuel (filósofo alemão, 1724-1804), p. 68.
Kao Kang (Gao Gang, membro do PCC, 1905-1954), p. 47.
Khrushchev, Nikita Sergueievitch (estadista sovi»tico, 1894-1971), p. 127-8, 131, 226.
Kristeva, Julia (linguista, escritora, nascida em 1941), p. 11, 52, 117, 143, 154.
Kuang-Si (Guangxi), região autônoma da China, p. 194.

La Bruyère, Jean de (escritor francês, 1645-1696), p. 228.
Labiche, Eugène (dramaturgo francês, 1815-1888), *La Poudre aux yeux*, p. 6.
Lacan, Jacques (psicanalista francês, 1901-1981), p. 124.
Lanson, Gustave (acadêmico e crítico francês, 1857-1934), p. 228.
Lao Tse (Laozi, filósofo chinês, autor legendário do *Tao Te Ching*), p. 143.
Lassalle, Ferdinand (político alemão, 1825-1864), p. 23, 225.
Laurens, Jean-Paul (pintor de história e escultor francês, 1838-1921), p. 175.
Lênin, Vladimir Ilitch Ulianov, vulgo (político russo, 1870-1924), p. 23, 44, 48, 51, 61, 68.
Estado e revolução (O), p. 134.
Imperialismo, fase superior do capitalismo, p. 61, 134-5.
Lévi-Strauss, Claude (antropólogo francês, nascido em 1908), p. 7.
Li Li San (Li Lisan, dirigente *de facto* do PCC em 1928-1930, c. 1899-1967), p. 47.
Li Ta (Li Da, um dos membros fundadores do PCC, 1890-1966), p. 45.
Lin (ver Lin Piao).
Lin Li Kuo (Lin Liguo, filho de Lin Piao, 1945-1971), p. 224.
Lin Piao (Lin Biao, marechal e político chinês, 1907-1971), p. 15, 18-20, 23, 31-2, 36-8, 46-7, 60-3, 65-6, 75, 79, 81, 86, 91, 101-2, 111-2, 131-3, 151-2, 156, 159-60, 163, 180, 197, 213, 223, 223, 228-9.
Liu (ver Liu Shao Shi).
Liu Jen Ching (Liu Renjing, um dos fundadores do PCC, 1899-1987), p. 44.
Liu Shao Shi (Liu Xaoqi, estadista chinês, 1898-1969), p. 19-20, 28, 31, 45, 47, 66, 75, 98, 111, 128-9, 131, 151-2, 197-8, 217, 222.
Lombroso, Fernand (produtor), p. 82.
Long Men (Longmen, grutas de), p. 119.
Lu Xun (Luxun, escritor chinês, fundador da literatura chinesa moderna, 1881-1936), p. 50.
Luccioni, Xavier (arquiteto), p. 214, 216.
Lukács, Györgi (filósofo e crítico húngaro, 1885-1971), p. 231.
Luo Yang, (Luoyang), p. 113-44.

Mach, Ernst (físico e filósofo austríaco, 1838-1916), p. 68.
Mam (ver Barthes, Henriette).
Mao, Mao Tse-Tung (Mao Zedong, estadista chinês, 1893-1976), p.
   12-3, 19, 23, 28, 31, 34-7, 42-8, 51-5, 67, 69, 75, 78, 81, 82, 91,
   98, 105, 108-9, 112, 115, 128, 131, 138-9, 144, 146, 151,
   157-64, 176-80, 193, 195, 217-8, 225, 227, 229-30.
– *Justa solução das contradições no seio do povo* (discurso, 27 de fevereiro
   de 1957), p. 61.
– *Livro vermelho*, p. 139.
Maring, Hans, vulgo Hendricus Sneevliet (revolucionário holandês,
   1883-1942), p. 45.
Marken (península, Países-Baixos), p. 15.
Marx, Karl (filósofo alemão, 1818-1883), p. 19, 23, 44, 61, 139, 205,
   228.
– *Crítica ao programa de Gotha*, p. 20, 23, 61, 134, 225.
– *Guerra civil na França (A)*, p. 139.
Maupassant, Guy de (escritor francês, 1850-1893), p. 80.
Mavrakis (Kostas, filósofo), p. 214.
Melville, Herman (escritor americano, 1819-1891), p. 176.
Mêncio (Mengzi, filósofo chinês confuciano, c. 380–289 a.C.), p. 133.
Ming (dinastia chinesa, 1368-1644), p. 96, 189-92, 206.
Mitterrand, François (estadista francês, 1916-1996), p. 213.
Moça de cabelos brancos (A) (balé revolucionário chinês), p. 165.
Molière, Jean-Baptiste Poquelin, vulgo (dramaturgo francês,
   1622-1673), p. 228.
Montanha das azaleias (A) (ópera de Wang Chu-Yuan), p. 183.
Montanha dos pinheiros verdes (A) (filme chinês, 1974), p. 105.
Moreux, Françoise, p. 201.

Nanquim (Nanjing), p. 48, 71-113, 144.
– Ponte de Nanquim, p. 31, 73-6, 81, 158.
Nova York, p. 120.

Oração de uma Virgem, de Thekla Badarczewska, p. 200.

Peng De Huai (marechal chinês, 1898-1974), p. 47.
Pequim (Beijing), p. 8-24, 155, 174, 177, 181, 185-235.

Peyrefitte, Alain (político francês, 1925-1999), p. 136.
Ph. S. (ver Sollers, Philippe).
Picon, Gaëtan (ensaísta e crítico de arte francês, 1915-1976), *Panorama de la littérature française,* p. 228.
Pl. (ver Pleynet, Marcelin).
Pleynet, Marcelin (escritor e crítico de arte, nascido em 1933), p. 60, 113, 145, 189.
Pompidou, Georges (estadista francês, 1911-1974), p. 150.
Ponge, Francis (poeta francês, 1899-1988), p. 60.

Qin Shi Huang Di (Primeiro imperador Qin, -221, -207), p. 164, 190.

Rousseau, Henri vulgo Le Douanier (pintor *naïf* francês, 1844-1910), p. 153.
Rude, François (escultor francês, 1784-1855), *A Marselhesa* (escultura, 1835-1836), p. 160.

Setsuan (Sichuan, província chinesa), p. 215.
Sian (Xi fan), p. 144-51, 155-84.
Snow, Edgar (jornalista americano, 1905-1972), p. 227.
Sollers, Philippe (escritor, nascido em 1936), p. 16, 21, 32, 59, 62, 72, 92, 100, 124, 127, 150, 164, 176, 180, 190, 214, 225, 233.
Sonho do pavilhão vermelho (O) (romance chinês de Cao Xueqin, 1723-1763), p. 83.
Stálin, Joseph Vissarionovitch Djugachvili, vulgo (político soviético, 1879-1953), p. 44, 48, 128, 180, 224, 226-7.
Sun Yat Sen (Sun Yat-Sen, fundador da primeira República da China, 1866-1925), p. 95.
Suzhu, p. 72.

Tachai, Tatchai (Dazhai), p. 106, 108, 151, 163.
Tai-Yuan (Taiyuan), p. 185.
Tang (dinastia chinesa, 618-907), p. 145, 176.
Tchaikovsky, Piotr Ilitch (compositor russo, 1840-1893), p. 165, 199.
– *Lago dos cisnes* (balé criado no Teatro Bolshoi de Moscou em 1877), p. 199, 204.
Tel Quel, p. 20, 22, 33, 60, 78, 233.

Tibete (região autônoma da China), p. 148, 196, 198, 200.
Tomada da montanha do tigre (A) (ópera de Pequim), p. 72.
Trotsky, Lev Davidovitch Bronstein, vulgo Leon (político russo, 1879-1940), p. 48-50.
Tual, Christian (adido cultural em Pequim), p. 202-3, 215-6.

Urt (lugar da casa de campo de R. B.), p. 174.

Wahl, François (filósofo francês), p. 133, 165, 182, 199, 224.
Wang Chang (filósofo chinês, 27-v.100), p. 68.
Wang Ming (membro do PCC, 1904-1974), p. 47.
Wang Pu (Huang Pu, rio), p. 27, 56.
Weber, Carl Maria von (compositor alemão, 1786-1826), p. 165.
Wuhan, p. 45.

Xangai, p. 25-71, 96, 212.

Yang Tse (Yangzi, rio), p. 56, 106, 193.
Yanne, Jean (ator e cineasta francês, 1933-2003), *Les Chinois à Paris*, filme (1974), p. 7.
Yenan (Ya fnan), p. 176-80, 195.

Zola, Émile (escritor francês, 1840-1902), p. 80.